Teologia da Cidade

Wagner Lopes Sanchez

Teologia da Cidade

RELENDO A
GAUDIUM ET SPES

EDITORA
SANTUÁRIO

Direção editorial:
Pe. Marcelo C. Araújo

Editor:
Márcio Fabri dos Anjos

Coordenação editorial:
Ana Lúcia de Castro Leite

Copidesque:
Benedita Cristina G. N. da Silva

Revisão:
Leila Cristina Dinis Fernandes

Diagramação:
Mauricio Pereira

Capa:
Antonio Carlos Ventura

Dados Internacionais de Catalogação na Publicação (CIP)
(Câmara Brasileira do Livro, SP, Brasil)

Sanchez, Wagner Lopes
 Teologia da cidade: relendo a Gaudium et Spes / Wagner Lopes Sanchez. - Aparecida, SP: Editora Santuário, 2013.

 Bibliografia.

 ISBN 978-85-369-0304-0

 1. Cidade e religião 2. Concílio Vaticano (2.: 1962-1965) 3. Gaudium et Spes (Constituição pastoral) 4. Igreja Católica - História 5. Missão da Igreja 6. Teologia 7. Urbanização I. Título.

13-04932   CDD-266

Índices para catálogo sistemático:

1. Teologia da cidade: Missiologia: Cristianismo 266

Todos os direitos reservados à **EDITORA SANTUÁRIO** – 2013

Composição, CTcP, impressão e acabamento:
Editora Santuário - Rua Pe. Claro Monteiro, 342
12570-000 – Aparecida-SP – Tel. (12) 3104-2000

*Àqueles que trabalham na construção
de uma cidade mais humana.*

SUMÁRIO

PREFÁCIO 9
INTRODUÇÃO 19
CAPÍTULO I – A DINÂMICA DA CIDADE MODERNA ... 25
  1. A cidade como lugar de ruptura 26
  2. A cidade como lugar de contradição socioespacial 34
  3. A cidade como lugar de diversidade 38

CAPÍTULO II – A CIDADE E A IGREJA CATÓLICA 43
  1. A Igreja Católica e a irrupção do *homo urbanus*
     no século XIII 44
  2. A cidade e sua importância na consolidação
     do capitalismo 57
  3. O processo de urbanização a partir da década
     de cinquenta do século XX 61
  4. A cidade desafia a Igreja Católica 68

CAPÍTULO III – IGREJA E CIDADE NA CONSTITUIÇÃO
  GAUDIUM ET SPES SOBRE A IGREJA NO MUNDO
  DE HOJE 73
  1. O significado e a importância da *Gaudium et Spes* 76
  2. As imagens da cidade na *Gaudium et Spes* 85
  3. A cidade como *locus theologicus* 106

CAPÍTULO IV – CIDADE E MISSÃO: ENTRE O SONHO E
A REALIDADE SOB A INSPIRAÇÃO DA
GAUDIUM ET SPES 115
1. Missão como presença transformadora 116
2. Cidade e missão: presente e futuro em
favor da vida 128

CONSIDERAÇÕES FINAIS – POR UMA TEOLOGIA
EM DIÁLOGO COM OS DESAFIOS DA
CIDADE 145

REFERÊNCIAS BIBLIOGRÁFICAS 151

PREFÁCIO

O presente estudo busca as relações de duas realidades inseparáveis, a igreja e a cidade, em um documento que demarca uma nova posição para a igreja no mundo, a Constituição *Gaudium et spes*. Igreja e cidade estiveram intimamente ligadas no decorrer da história, desde o cristianismo primitivo, no interior das cidades greco-romanas, passando pelo revigoramento urbano do século XII, quando a Igreja redescobre seu lugar no coração das cidades e chegando às metrópoles atuais, onde ainda parece procurar seu lugar e missão em meio à desordem-ordem espacial e às tensões-relações humanas. A presença territorial da Igreja nas cidades foi amparada por modelos políticos e práticas culturais diferenciadas, a depender de cada época e lugar, o que a fez mais ou menos afinada às dinâmicas socioculturais urbanas que emergiam com seus mecanismos de desconstrução e reconstrução. Com relação à Constituição conciliar, que fornece a materialidade do objeto desse estudo, a presença da questão urbana não se mostra tão visível, ao menos no documento final que resultou do Concílio. O estudo encara, nesse sentido, um interessante paradoxo: por um lado, a letra e o espírito do Concílio têm como contexto imediato a modernidade gestada a partir das cidades, mais precisamente da hegemonia das grandes cidades que se espalham pelo planeta na década de realização do Concílio Vaticano II; por outro lado, o mesmo Concílio não

9

assume a problemática urbana como chave de compreensão do mundo e do ser humano modernos, nem mesmo como uma questão importante a ser aprofundada para se compreender a dinâmica dos tempos modernos que persegue com vigor. Se a cidade não foi o princípio hermenêutico de problemáticas modernas nas reflexões conciliares, não parece haver dúvidas de que o contexto moderno, do qual a Igreja é cúmplice no propósito e na realização conciliar, realiza-se concretamente na cidade entendida como processo de estruturação socioespacial e como nova forma de produzir, organizar e significar a vida que supera as condições rurais, tão assimiladas pelo *ethos* católico no decorrer da história ocidental. Nesse sentido, a abordagem da questão da cidade e do urbano é a explicitação de um componente essencial da modernidade que se mostra não simplesmente como um item a ser inferido de uma temática mais ampla, mas como o aspecto visível, concreto e operativo dos tempos modernos. A modernidade se realiza na, com e a partir das cidades, particularmente das grandes cidades.

A década de sessenta testemunhara, de fato, a formação das grandes metrópoles, de modo dramático no então chamado terceiro mundo. A migração do campo para a cidade redesenha a ocupação do planeta e a nova sorte do homem moderno, lançando-o aos riscos de suas buscas por melhores condições de vida. A ambiguidade das realizações e promessas da modernidade se faz sempre mais visível e ganha contornos políticos na grande moldura dos regimes capitalista e socialista que dividem o mundo em dois grandes blocos antagônicos. A modernidade revela-se, para os dois lados, inconclusa, e as grandes cidades constituem o palco visível desse inacabamento, expresso como frustração e promessa. Na cena social, sobretudo das nações subdesenvolvidas, são dinâmicas regulares a formação de territórios de pobreza nas periferias urbanas, a fome, a destruição do meio ambiente e a violência. Na cena política urbana tornam-se recorrentes as lutas por liberdade e igualdade, nas vozes de vários sujeitos sociais. O projeto moderno mostra seus limites e sofre diversas revisões. Para alguns sujeitos, devia-se romper com a modernidade por vias políticas revolucionárias e implantar uma nova ordem, para outros a nova ordem devia ser implantada a partir de "revoluções espirituais", de viés cultural ou mesmo de viés religiosos. E não faltavam aqueles para os quais o caminho deveria ser o resgate do projeto original moderno pela via do desenvolvimento ou até mesmo o projeto pré-moderno, o paraíso perdido de grupos integristas.

Em meio a esses balanços e proposições, o Vaticano II aconteceu com o propósito de colocar a Igreja em sintonia com os dramas e as esperanças configuradas pelos tempos modernos. Com efeito, o espírito que o animou foi, sobretudo, o diálogo com fatores positivos que a modernidade havia trazido para a humanidade. Não havia razão para temer as modificações trazidas pelos avanços dos tempos modernos, ao contrário, era hora de repensar a Igreja e sua missão no mundo. O projeto social do Concílio tinha como fundamento a afirmação do ser humano integral, os direitos à igualdade dos filhos de Deus, a justiça e a paz. Os direitos humanos e sociais afirmados pelo projeto moderno têm um significado cristão pleno, a liberdade e a democracia são exercícios legítimos que podem construir um mundo novo segundo os desígnios de Deus para a humanidade, e o mundo secular já não se opõe ao mundo espiritual, do qual a igreja é o sinal visível. A missão da Igreja se referia a esse mundo concreto que deveria ser salvo e era, precisamente, a partir dessa história que a Igreja caminha peregrina para o triunfo escatológico.

Podemos dizer, portanto, que se no texto conciliar encontramos de modo contundente a problemática da modernidade, em seu subtexto encontramos a problemática da cidade. A reconciliação entre a cidade celeste e a cidade terrestre proposta pelas reflexões conciliares, ainda que colocada em termos antigos, constitui, certamente, o ponto crucial da sintonia legítima e necessária da igreja com a cidade, tendo como pano de fundo a teologia das realidades terrestres. Por outro lado, a visão da realidade concreta dos tempos atuais assume um papel metodológico fundamental nas práticas pastorais da igreja nos contextos em que se insere, e a empatia com os seres humanos em suas alegrias e esperanças constitui, ao mesmo tempo, a espiritualidade e o rumo das ações da igreja.

O Concílio Vaticano II significou, de fato, um marco nas relações da Igreja com a sociedade moderna. O que fora ensaio tímido nas décadas anteriores, desabrochou com todo o viço no evento conciliar, na forma de fundamentação teológica e de orientação pastoral. A eclesiologia construída e afirmada pelo Concílio terá como referência de sua própria construção a sociedade de então, com suas positividades e negatividades. A sociedade moderna se torna, de fato, uma interlocutora indispensável na autocompreensão da igreja e em sua atuação no mundo. A compreensão eclesiológica consolidada há séculos de uma igreja perfeita, entendida a partir de sua hierarquia e fora da trama histórica secular, cedeu lugar a uma compreensão de igreja inserida no mundo, sacramento da salvação, povo de Deus peregrino na história e comunidade servidora da humanidade. A Constituição *Gaudium et spes* ocupa um lugar central nessa nova compreensão eclesiológica e, não por acaso, fechou com chave de ouro o grande evento eclesial. Se é possível fazer uma leitura global e evolutiva do Concílio, a *Gaudium et spes* deverá ser vista como o ápice de uma longa reflexão e de opções assumidas pelos padres sobre o que deveria ser a missão da igreja dentro de um mundo em transformação, após os anos de assembleia.

Se não encontramos uma teologia da cidade sistematizada pelo Concílio, de suas intuições e orientações fundamentais, podemos retirar, entretanto, luzes para nossos tempos de urbanização onipresente e onipotente. Mais que formulações específicas sobre a cidade, o Concílio nos fornece, certamente, uma postura básica: a sintonia com as mudanças em curso no mundo atual e a empatia com os múltiplos sujeitos que compõem a sociedade global e as sociedades locais. A atenção ao mundo, a missão de falar a linguagem mais compreensiva para os tempos atuais, a dedicação aos que sofrem e o diálogo com as diferenças são pautas que vão ao encontro do que constitui as cidades em nossos dias.

Vivemos hoje a fase definitiva de organização socioespacial da humanidade: o sistema das cidades. Trata-se de um sistema que articula as megalópoles, as metrópoles, os grandes centros urbanos, os centros médios, as pequenas cidades e os rincões rurais em uma grande rede de produção e distribuições de bens materiais e simbólicos que atravessam o planeta para além das velhas fronteiras políticas. O mercado globalizado e as tecnologias de comunicação garantem os vínculos dessa rede que conecta de modo imediato o individual e o global, o próximo e o distante, o territorial e o virtual. E tudo indica que a humanidade não terá volta para os modos de vida rural gestados no neolítico, ainda que não faltem para tanto inúmeras profecias de natureza religiosa, política ou ecológica. É a partir dessa *cosmo--polis* que se construirá o próximo passo, para o bem ou para o mal definitivos da espécie humana e de todas as espécies vivas.

Esse mundo ainda não era visível aos olhos dos padres e mesmo dos peritos conciliares, embora estivesse em plena gestação e já revelasse seus sinais nos avanços tecnológicos, nas relações tensas entre os blocos mundiais, nas relações econômicas, nas grandes metrópoles e nos meios de comunicação. Realizava-se um Concílio ecumênico conforme a tradição católica, sua universalidade abrigava, agora, mais do que em outros plenários, as preocupações mundiais que afetavam a humanidade como um todo, assim como a intenção de falar a todos os homens, para além da comunidade católica.

Hoje podemos dizer que o mundo globalizado é o mundo urbanizado. O mundo urbanizado é o mundo da tecnociência e do consumo. E a dinâmica que rege esse sistema multifacetado estrutura-se em duas dimensões que conectam o mais geral e anônimo com o mais particular e individual. O mercado, agora sinônimo de mercado mundial, realiza-se concomitantemente mediante as regras de um sistema financeiro mundializado e as regras do desejo de consumo de cada indivíduo consumidor. A sociedade mundial está conectada em tempo real com cada receptor midiático com seus aparelhos de última geração.

A cultura mundial circula seus bens e significados fazendo os indivíduos se parecerem iguais. O mundo globalizado é o mundo individualizado, anônimo e virtualizado. A cidade que abriga em seu seio todas as diferenças e reconhece todos os direitos para todos é, ao mesmo tempo, a cidade da indiferença, do isolamento e da massificação.

Quais serão as *alegrias* e *as esperanças* desse sujeito (indivíduo?) metropolitano? Por quais linguagens elas se expressam? Como chegar com a mensagem de Jesus Cristo ao seu coração? A igreja pode apresentar um projeto para a sociedade urbanizada atual, sem que reproduza suas ambiguidades? Por qual espaço realizar a evangelização, pelo anônimo ou pelo individual? Ainda é possível propor organização eclesial autenticamente comunitária? Essas são algumas perguntas que advêm de dentro do *modus operandi* urbano que, a partir das cidades, estruturam a cultura de um modo geral.

A igreja nasceu dentro das cidades gregas e aí se fez sob o impulso do Espírito do Ressuscitado, utilizando as estruturas e as linguagens das cidades. Certamente terá que renascer dentro da cultura urbana atual, como um projeto de vida que oferece uma mensagem de salvação. Se o Concílio e a *Gaudium et spes* não oferecem respostas diretas e prontas para essas interrogações tão atuais, oferecem a regra básica da postura da igreja no mundo: a sintonia, o diálogo e o serviço.

A presença da Igreja na cidade não poderá ser entendida, certamente, como um sujeito externo à cidade que fala para a cidade, espécie de cenário histórico que deve receber a mensagem do Evangelho de forma adaptada. Também não será a Igreja um sujeito que busca formas estratégicas de se comunicar para oferecer seus produtos simbólicos em um mundo de forte concorrência na busca da mensagem mais eficiente. A relação de fundo não pode ser o *ethos* colonial e nem o *ethos* mercadológico. A cidade não é um mero cenário espacial a ser evangelizado, mas uma realidade complexa com a qual o envolvimento direto dos cristãos pode reproduzir, no âmbito das igrejas, seus dinamismos econômicos, sociais e culturais, ainda que em nome de projetos de evangelização, ainda que em nome de Deus. Um projeto de evangelização terá que discernir, certamente, a cidade em seus defeitos e méritos. A igreja terá que se lançar na busca do homem metropolitano com coragem de refazer-se sem perder sua essência, mas, ao mesmo tempo, de encarnar-se na realidade urbana. Será esse o genuíno significado da inculturação: um processo de diálogo entre as diferenças concretamente vivenciadas em uma determinada realidade na busca da verdade. E em todo diálogo não há verdade colocada *a priori*, mas busca comum que implica em falas e ações e, muitas vezes, em silêncios e fracassos. Nesse processo se exclui, certamente, tanto o indivíduo quanto a massa como ideais de vivência cristã, ainda que sejam interlocutores provisórios por meio dos quais o diálogo possa ser iniciado.

As reflexões presentes neste livro, que me honra prefaciar, foram gestadas no âmbito de um programa de pós-graduação em teologia que tem como foco a missão. Essas reflexões indicam que a teologia da missão se relaciona direta e organicamente com a teologia da cidade. A missão na cidade e a partir da cidade coloca a Igreja no coração do mundo atual e deverá conduzir a cidade ao coração da Igreja, nos tempos em que o carisma do Concílio parece muitas vezes sofrer desgastes e ser sobreposto por posturas pré-conciliares. As temáticas abordadas pelo autor referem-se a questões que as Igrejas de hoje e de amanhã não poderão ignorar em suas práticas pastorais, mas sobretudo que os teólogos terão que enfrentar em suas reflexões. A teologia da cidade ainda carece de expressão e volume no âmbito das teologias contemporâneas, dedicadas às mais diversas temáticas que emergem na sociedade, na política e na cultura modernas. Ela deverá ser, certamente, uma teologia genitiva que se ocupa do objeto cidade, mas também uma teologia substantiva que pense as questões atuais a partir da cidade. Esse é o significado da cidade como *locus theologicus* adotado no decorrer das reflexões desse trabalho, o que, de fato, constitui uma herança espiritual e metodológica da *Gaudium et spes*: o mundo visto como um lugar onde Deus fala e desde onde a fé e a razão constroem seus discernimentos. Também é esse o significado do *reler* a Constituição, conforme subscreve o título do livro.

A releitura feita por Wagner Lopes Sanchez proporciona, em coerência com a hermenêutica conciliar, resgatar potencialidades latentes no Documento, de forma a fazer o texto de ontem ler o contexto de hoje, mas também o contexto de hoje ler o texto de ontem. Com efeito, mais que um exercício hermenêutico bem montado, o estudo tem o mérito de mostrar a atualidade do Concílio para a reflexão teológica atual e, de modo urgente, para o estudo da problemática da cidade e do urbano.

Por fim, o estudo nos lembra, mais uma vez, que o Vaticano II abre a Igreja e a teologia para o mundo atual. E não se trata de repetição de um jargão que se tornou lugar comum nas comunidades eclesiais. O resultado que o leitor tem em mãos retoma com simplicidade e profundidade uma temática urgente da qual a Constituição *Gaudium et spes* está grávida. O autor exerceu o papel de parteiro e de profeta, certamente papel de todo teólogo, na medida em que resgatou do espírito e da letra do Documento conciliar elementos construtivos para uma teologia da cidade e ofereceu discernimentos do que hoje é vivenciado nas cidades e na cultura delas decorrentes.

O carisma conciliar atualiza-se incessantemente em nossos esforços de dialogar a partir da razão, do coração e das ações com as alegrias e esperanças dos homens e das mulheres que, nos mais diversos recônditos, estão cada vez mais inseridos nas dinâmicas econômicas, sociais e culturais produzidas nas cidades. O Espírito que animou o Concílio continua animando a Igreja para que seja fiel ao Verbo de Deus encarnado em sua missão. A teologia ajuda a tecer os caminhos de discernimento do Verbo de Deus (*Teo-logos*) presente na história, presente na cidade.

João Décio Passos
Livre docente em Teologia, professor do Instituto São Paulo de Estudos Superiores e do Departamento de Ciências da Religião da PUC-SP

INTRODUÇÃO

Atualmente as cidades são um grande desafio para as religiões, considerando que o processo de urbanização se consolidou na maior parte dos países, trazendo um conjunto de questões que exigem respostas pertinentes e práticas religiosas que levem em conta as especificidades do mundo urbano.

Por outro lado, a compreensão das religiões só é possível a partir do olhar sobre o *modus vivendi* da cidade, sua especificidade, suas exigências e sobre sua relação dialética com a cidade.

No caso da Igreja Católica,[1] em virtude de seu longo percurso histórico, para compreender suas relações com a cidade é importante atentar sobre a história dessas relações.

Ao longo da história, as relações entre a Igreja Católica e a cidade têm sido de conciliação e de conflitos, de aproximação e de distanciamento, de continuidades e de rupturas. São relações complexas que só podem ser compreendidas a partir de um exame crítico da evolução da cidade e da Igreja Católica no que diz respeito a sua missão.

A compreensão dessas relações, no entanto, é fundamental para a elaboração de uma teologia da cidade, que seja compe-

---

[1] Utilizo a expressão simplificada "Igreja Católica" para fazer referência à "Igreja Católica Romana". A expressão Igreja será utilizada quando houver referência ao conceito teológico, ou seja, à comunidade dos batizados que constituem a igreja cristã. A expressão "igrejas cristãs" será utilizada para contemplar as diversas igrejas cristãs existentes.

tente e crítica o suficiente para trazer à tona os desafios que o mundo urbano coloca para a Igreja Católica, e para mostrar as potencialidades que esta última tem para responder adequadamente às grandes inquietações de quem vive na cidade. Em suas origens, a expansão do cristianismo se deu em diálogo com a realidade da cidade. No século XIII, a Igreja Católica não ficou alheia ao ressurgimento da cidade: foi nesse contexto que surgiram as irmandades medievais, as ordens mendicantes e as universidades à sombra dos mosteiros. No final do século XIX, o magistério pontifício dá início a uma tradição importante na história da Igreja Católica: a Doutrina Social. Com Leão XIII houve uma primeira tentativa, mesmo que precária, de dialogar com a cidade moderna e com seus desafios: a Encíclica *Rerum Novarum*, de 1891, que tem como motivação a questão operária, um dos grandes problemas urbanos da Europa do século XIX.

Nesses diversos momentos históricos, embora não seja possível falar de uma teologia que tematizasse a cidade, o discurso teológico já tinha como "pano de fundo" o mundo urbano.

No entanto, a Igreja católica tem dificuldades, ainda hoje, para compreender a cidade como *locus* e como espaço de missão. Essa dificuldade atinge tanto a elaboração de seus discursos para o público interno e para o público externo, como também a elaboração de práticas pastorais que dialoguem com a cidade moderna.

A origem dessa dificuldade, talvez, esteja em duas raízes: em primeiro lugar, o catolicismo quando se tornou religião oficial do Império Romano, no século IV, estabeleceu vínculos orgânicos com a sociedade feudal que tinha no mundo rural seu eixo principal e, em decorrência disso, construiu um paradigma que fundamentou seus discursos e suas práticas nesse tipo de sociedade; em segundo lugar, o catolicismo resistiu ao desenvolvimento da modernidade não só porque esta redefiniu o lugar da religião na sociedade e tirou da Igreja Católica o papel de matriz ideológica, mas sobretudo porque as mudanças trazidas por esse novo estilo de vida inauguraram um novo *modus vivendi*, próprio da sociedade urbana, que não estava em sintonia com o paradigma construído pela Igreja Católica.

A teologia da cidade é uma elaboração recente na vida das igrejas cristãs. A cidade tornou-se *locus theologicus* muito recentemente na história do cristianismo. Isso aconteceu quando o cristianismo foi desafiado por uma realidade complexa na qual a dinâmica da vida social, a construção do imaginário e a produção socioespacial construíram um novo tipo urbano.

A grande provocação lançada à teologia da cidade, atualmente, é considerar a cidade como *locus theologicus*. Ou seja, como lugar pertinente a partir do qual a teologia pode elaborar seu discurso e falar de Deus. Para isso, a teologia precisa construir uma sensibilidade própria para reconhecer que a cidade é lugar de revelação de Deus e, portanto, lugar de interpelação à fé cristã. De revelação, porque o Deus da fé cristã mostra-se no interior da história com todas as contradições que lhe são próprias e em meio às luzes e sombras da vida humana; de interpelação, porque a cidade é lugar de revelação e, desta forma, provoca os cristãos a responderem a suas inquietações e a seus apelos por mais vida, mais justiça e mais fraternidade.

Do ponto de vista da produção bibliográfica, no âmbito da teologia, de modo geral os autores têm se dedicado a refletir sobre as questões relativas à pastoral urbana. O tema da teologia da cidade tem sido um tema secundário. Um dos trabalhos pioneiros sobre a teologia da cidade é o livro de José Comblin, *Teologia da cidade*, resultado de sua tese de doutorado, *Theologie de la ville*, defendida em Paris, em 1968. Até hoje esta é uma referência obrigatória nos estudos da teologia da cidade.

Na Igreja Católica, muitas conferências episcopais, nas últimas décadas, têm se mostrado preocupadas com o fenômeno das cidades e seus problemas. No entanto, os estudos realizados por essas instâncias de modo geral também têm se dedicado à pastoral urbana. No caso das Conferências do Conselho Episcopal Latino-Americano (CELAM), somente em 1979, na Conferência de Puebla, o tema da cidade apareceu como preocupação. No âmbito do magistério pontifício não há até agora um documento sequer que trate da questão da cidade.

O Concílio Vaticano II não chegou a elaborar um documento específico sobre a cidade, mas elaborou uma teologia que tinha como interlocutor a modernidade. Em certo sentido, é possível dizer que o Vaticano II preocupou-se em elaborar uma "teologia da modernidade" ou do "mundo moderno".

No entanto, esse acontecimento apresentou insights importantes para dialogar com a cidade e para construir uma teologia da cidade. De certa forma, podemos afirmar que na Constituição Pastoral *Gaudium et Spes* sobre a Igreja no mundo de hoje (*GS*) há uma teologia da cidade embrionária.

Neste livro,[2] examinamos os eixos dessa teologia da cidade presentes na *GS* e procuramos apontar a contribuição desse

---

[2] Este livro é resultado de uma pesquisa em nível de mestrado realizada no Programa de Pós-Graduação em Teologia (com ênfase em Missiologia), do Instituto São Paulo de Estudos Superiores (ITESP), São Paulo, concluída em 2010.

documento de uma teologia da cidade que queira enfrentar o desafio de considerar a cidade como um *locus theologicus* e de dialogar com todos aqueles que querem construir uma cidade mais humana.

CAPÍTULO I

A DINÂMICA DA CIDADE MODERNA

> A missão final da cidade é incentivar a participação consciente do homem no processo cósmico e no processo histórico. A principal função da cidade é converter o poder em forma, a energia em cultura, a matéria inanimada em símbolos de arte, a reprodução biológica em criatividade social (*Lewis Munford*).

A Igreja Católica resistiu insistentemente às inovações trazidas pela modernidade. E, como não poderia deixar de ser, uma Igreja vinculada organicamente ao mundo rural teve muitas dificuldades em conviver com a modernidade e também com a cidade moderna, já que esta foi

> o espaço prioritário onde o pensamento moderno encontra ambiente para se expressar, para se impor. É na cidade que as diversas visões de mundo encontram a liberdade que necessitam para se expressar: o passado, a tradição, as regras convencionais de convivência são questionados radicalmente; os sólidos são liquefeitos.[1]

---

[1] SANCHEZ, Wagner Lopes. A multiplicidade religiosa no espaço urbano. In: SOARES, Afonso Maria Ligorio; PASSOS, João Décio. *A fé na metrópole*: desafios e olhares múltiplos. São Paulo: Paulinas-Educ, 2009, p. 50.

A cidade ainda é um desafio para a Igreja Católica porque o imaginário de seus membros está marcado pelo passado, pela tradição, pela estabilidade, enquanto a dinâmica da vida urbana tem como característica a inovação, as mudanças constantes, o movimento intenso, o ritmo de vida agitado. A dinâmica da cidade tornou-se, no ocidente, a dinâmica da sociedade moderna, dos novos tempos.

1. A cidade como lugar de ruptura

A modernidade transformou a cidade em *locus* fundamental tanto de desenvolvimento econômico como de definição da sociabilidade. Com a modernidade o tecido social e todos os seus elementos, como as relações sociais, os arranjos institucionais e os conflitos sociais, encontraram na cidade o seu eixo. A cidade não foi apenas lugar onde o desenvolvimento material do capitalismo, com a ampliação do comércio e o estabelecimento da indústria, possibilitou a expansão do sistema e a consolidação das relações sociais baseadas na exploração da força de trabalho, considerada "livre", pelo capital. Foi também lugar de criação e de difusão de novos valores que tem expressão naquilo que é conhecido como cultura urbana.

Além disso, em certo sentido a cidade foi também lugar do desenvolvimento simbólico do capitalismo e da modernidade. A partir daí não é mais possível pensar o capitalismo e a modernidade sem a cidade. Se houve um espaço onde o capitalismo e a modernidade ganharam expressão, esse espaço foi a cidade. E esse espaço reuniu uma força simbólica que será constitutiva dessas duas realidades.

À medida que o capitalismo foi se consolidando, a cidade foi apresentando-se como o espaço privilegiado, inicialmente da atividade comercial e, posteriormente, da atividade industrial. Por isso, é correto dizer, com Rolnik, que a cidade é a "cidade do capital",[2] é o espaço onde se desenvolveram as principais estruturas do modo capitalista de produção.

Sob o olhar da problemática da cidade, pode-se dizer que a resistência da Igreja Católica às grandes afirmações da modernidade era também resistência ao novo *modus vivendi* da cidade e à força simbólica da cidade. Enquanto o protestantismo, pelo menos em sua versão ascética, cresceu nas cidades conseguindo atrair setores da burguesia, e, desta forma, foi levado a estabelecer diálogo com a cultura urbana, o catolicismo estritamente vinculado à aristocracia rural teve dificuldades em dialogar com a cidade e seus desafios.

A resistência da Igreja Católica à modernidade foi a resistência a uma visão de mundo que se apresentou como alternativa à cristandade medieval. A dinâmica interna da modernidade baseada na ruptura constante não foi aceita pela Igreja Católica, naquele contexto sociocultural.

No mundo moderno, a cidade e a modernidade confundem-se.[3] Partindo do pressuposto já assinalado acima de que a cidade foi o espaço privilegiado do desenvolvimento e consolidação da modernidade e considerando que a ruptura foi e ainda é uma das características principais desta última, pode-se afirmar que a cidade foi o espaço no mundo moderno onde a ruptura

---
[2] ROLNIK, Raquel. *O que é cidade*. 3 ed. (6 reimp.) São Paulo: Brasiliense, 2004, p. 30
[3] LIBANIO, João Batista. *As lógicas da cidade*. O impacto sobre a fé e sob o impacto da fé. São Paulo: Loyola, 2005, p. 13.

foi a tônica principal. A cidade foi e ainda é o lugar da lógica da ruptura. Por isso, em certo sentido, vale para a cidade a afirmação de Harvey de que a "modernidade... não apenas envolve uma implacável ruptura com todas e quaisquer condições históricas precedentes, como é caracterizada por um interminável processo de rupturas e fragmentações internas inerentes".[4]

A cidade tornou-se, portanto, lugar de rupturas constantes num ritmo frenético de transformações:

> Se o *modus vivendi* medieval tinha como palavra-chave a imutabilidade, a cidade aparece como espaço de mudança, de transformação e de alteração constantes e céleres. Enfim, a cidade, o espaço urbano, é lugar de rupturas. Por isso, a palavra-chave para compreender a cidade será também a palavra-chave da modernidade: ruptura. Ela sintetiza o novo ritmo de vida baseado, agora, no movimento, na mutação, na liquidez.[5]

A seguir, destacamos três rupturas importantes que a cidade realizou: nas visões de mundo, nas regras sociais e no *ethos*.

1.1. Ruptura com as visões de mundo tradicionais

O movimento acelerado é uma constante da cidade. O movimento acelerado está presente tanto no ritmo de vida cronometrado, organizado, quanto no desenvolvimento das tecnologias que a cada dia ganham um novo impulso.

---

[4] HARVEY, David. *A condição pós-moderna*. Uma pesquisa sobre as origens da mudança cultural. 7 ed. São Paulo: Loyola, 1992, p. 22.
[5] SANCHEZ, Wagner Lopes. *Op. cit.*, p. 49.

A cidade comprime o espaço e o tempo. O tempo tem de ser medido, controlado, não só porque "tempo é dinheiro", mas também porque o tempo torna-se o elemento fundamental onde as coisas se dão e o pano de fundo onde a pessoa humana se realiza. O relógio é o grande ícone da compreensão e da compressão do tempo. Se no mundo rural o tempo era determinado pela natureza – o sol e a lua – e era compreendido em sua largueza e imensidão, na cidade o tempo é determinado pelo relógio, pela tecnologia, e passa a ser compreendido dentro de limites e na compressão.

O mesmo vale para o espaço. O espaço na cidade é estreito, limitado, tanto por sua localização como também pela aglomeração de pessoas que vivem na cidade. E os limites da cidade avançam quando a compressão do espaço não é suficiente para permitir a produção da vida. É nesse momento que o rural vai dando lugar ao urbano. Mas, mesmo assim, o espaço é comprimido.

A compressão do tempo e do espaço na cidade se articula. Uma não existe sem a outra. A agitação e o encurtamento das distâncias estão estreitamente vinculadas sob a égide da racionalização das várias esferas da vida social. O lugar do trabalho é o lugar privilegiado para a compressão do tempo com a racionalização do processo produtivo e é também o lugar privilegiado onde se dá a compressão do espaço. O trabalho é visto não como possibilidade de realização da pessoa humana, mas como meio de exploração, e, por isso, precisa ser submetido a uma nova lógica do tempo e do espaço.

A partir do lugar do trabalho, a nova lógica do espaço e do tempo se amplia a outros espaços da cidade – o espaço da moradia e do lazer – e a outras dimensões da vida cotidiana.

É possível perceber, então, que tempo e espaço são também fontes de poder social, pois, como afirma Harvey

> a intersecção do domínio sobre o dinheiro, o tempo e o espaço forma um nexo substancial de poder social que não podemos dar ao luxo de ignorar. (...) o dinheiro pode ser usado para dominar o tempo (o nosso e de outras pessoas) e o espaço. Inversamente, o domínio do tempo e do espaço pode ser reconvertido em domínio sobre o dinheiro.[6]

O controle do tempo e do espaço são instrumentos de poder que afetam toda a vida da cidade.

As visões de mundo que os diversos grupos sociais constroem têm no tempo e no espaço seus elementos fundamentais. As visões de mundo próprias da época medieval eram caracterizadas por uma concepção estática e localizada do tempo e do espaço. Com o advento da modernidade, fazem-se presentes na cidade visões de mundo dinâmicas e que pretendem ser abrangentes. No mundo rural a vida muda lentamente; no mundo urbano, a vida muda aceleradamente.

As visões de mundo presentes na cidade são visões de mundo coerentes com a vida na cidade. Na cidade onde a vida é dinâmica e sujeita a mudanças aceleradas e a própria pessoa humana é vista como algo que tem que se submeter a uma flexibilidade frenética, as visões de mundo rompem, cotidianamente, com as visões estáticas.

---

[6] HARVEY, David. *Op. cit.*, p. 206.

A palavra-chave da cidade é mudança e, por isso, as visões de mundo próprias da cidade precisam ser mutantes, pois de ruptura em ruptura a cidade refaz aceleradamente sua organicidade.

A cidade é lugar de rupturas e não só com o passado, mas também com o presente. Ela destrói visões de mundo do passado ao criar outras novas, mas também destrói essas novas visões para colocar outras no lugar. Esse processo não tem fim.

Harvey afirma que a "'destruição criativa' é uma condição essencial da modernidade".[7] E essa condição será também a condição básica da cidade. São destruídos os fluxos e os fixos para outros serem criados ininterruptamente.

1.2. Ruptura com as regras sociais

Como são as visões de mundo que configuram as regras sociais, pode-se concluir que as regras sociais estão também submetidas à lógica da ruptura.

As regras sociais tradicionais são abandonadas com acentuada rapidez para dar lugar a outras regras muito mais ágeis e flexíveis que as anteriores.

As regras sociais na cidade precisam ser adequadas à aceleração da vida social, ao individualismo e ao anonimato. Na cidade, as regras sociais estão permanentemente abertas à inovação.

As regras sociais do mundo rural são configuradas pelas visões de mundo estáticas, sólidas, e só são alteradas em períodos de longa duração. Na cidade, ao contrário, as regras sociais configuradas por visões de mundo dinâmicas são alteradas com muito mais flexibilidade em períodos de curta – ou, às vezes, curtíssima – duração.

---

[7] SANCHEZ, Wagner Lopes. *Op. cit.*, p. 27.

1.3. Ruptura com o ethos tradicional

A cidade desenvolveu um novo *ethos*. O individualismo, como decorrência da afirmação moderna da autonomia do sujeito, constituir-se-á num novo tipo de relacionamento entre as pessoas, no núcleo de um novo *ethos*. Esse *ethos* tem o indivíduo como centro e não mais a família ou a comunidade local como instância que define a sociabilidade. No mundo rural, as relações pessoais de proximidade definem a sociabilidade e, desta forma, os espaços para movimentação do indivíduo, do ponto de vista da subjetividade, são bastante restritos e condicionados à lógica do lugar e da dominação senhorial.

Na cidade o indivíduo era visto como alguém que tem liberdade, pois o urbano se apresentava como sinônimo de liberdade, de autonomia. Do ponto de vista econômico, para os agentes do mercado – os comerciantes e os proprietários de manufaturas e depois indústrias – a cidade era espaço onde as amarras econômicas e políticas do poder senhorial não mais existiam e dava a eles a necessária liberdade de movimento para a acumulação do capital. Para os camponeses a cidade era possibilidade de romper com o regime de servidão:

> Ao afluir para as cidades, os camponeses se libertavam do regime de servidão, não mais se submetendo ao vínculo com a terra e com o senhor que lhes roubava o trabalho, a comida e o tempo. Assim, para o servo, ir para a cidade, mesmo que não representasse necessariamente felicidade, saúde ou prosperidade, significava concretamente uma libertação.[8]

---
[8] ROLNIK, Raquel. *Op. cit.*, p. 35.

Tanto para a burguesia que buscava sua consolidação como para os camponeses que deixavam o mundo rural, a cidade era espaço de liberdade não só para ir e vir, mas também para construir uma vida fora das relações sociais vinculantes e mais livres.

Para a burguesia, concretamente a cidade significava a possibilidade da construção e da consolidação das relações sociais baseadas no modo de produção capitalista. Para os camponeses, a cidade, mesmo que não representasse melhoria das condições materiais de vida, representava espaço de mais liberdade com todos os riscos advindos do desenraizamento.

O novo *ethos* urbano tem, portanto, o indivíduo como eixo e a liberdade como sua gramática. Para a sobrevivência no espaço urbano, a liberdade terá significados diferentes para a burguesia e para os trabalhadores. Para uns será a liberdade concreta, inclusive para a acumulação de capital, para outros um sonho.

A ruptura provocada pela cidade no *ethos* criou um novo tipo de relação humana baseada na racionalização dos processos de convivência social. A modernidade instituiu a lógica, o cálculo e a previsibilidade na organização da vida social que afetou todas as esferas da sociedade. Aí tem origem a formalização e o distanciamento presentes nas relações sociais.

Não é mais a família que define a existência do indivíduo; é o trabalho a esfera que passará a ser primordial em sua existência:

> El individuo bajo el urbanismo participa en forma cambiante en la vida a su alrededor, pero es un indivíduo y así es visto en el mercado de trabajo. Esto no quiere decir que obre sin obligación social para con la familia y los amigo; más bien significa que no está representado por su familia.[9]

---

[9] ANDERSON, Nels. *Sociologia de la comunidad urbana*. Una perspectiva mundial. México: Fondo de Cultura Económica, 1993, p. 33.

Em outras palavras, na cidade o indivíduo se vê no meio da multidão sem as raízes próprias do mundo rural. Ele é anônimo num espaço onde as relações são passageiras, assim como os grupos sociais e os costumes. A provisoriedade e a ruptura são constantes nas relações sociais e nas diversas formas como o indivíduo desenvolve sua existência. O *ethos* da cidade é o *ethos* do anonimato, da provisoriedade, enfim, é o *ethos* da dinâmica da ruptura.

A existência de um novo *ethos*, no entanto, não elimina a existência da realidade da comunidade. A pessoa para viver na cidade precisa da comunidade e cria outras formas comunitárias para poder atenuar a anomia provocada pela cidade.

A noção de comunidade na cidade é diferente da noção de comunidade no mundo rural. No mundo rural, a comunidade estava vinculada ao lugar e às relações primárias estabelecidas em função da vida construída localmente. No mundo urbano, a comunidade vinculada ao lugar tem uma existência tênue; na cidade a comunidade está mais vinculada a grupos de interesses do que a lugares.

2. A cidade como lugar de contradição socioespacial

A cidade é lugar de contradição socioespacial, pois sendo o resultado de processos históricos muito contraditórios e desiguais apresenta-se aos olhos do observador como um conjunto heterogêneo e repleto de tensões.[10]

---

[10] PASSOS, João Décio. A religião e as contradições da metrópole. In: Soares, Afonso Maria Ligório; PASSOS João Décio. *A fé na metrópole*: desafios e olhares múltiplos. São Paulo: Paulinas-Educ, 2009, p. 26.

As contradições presentes na cidade podem ser detectadas em sua paisagem, num "lampejo do olhar", e também no espaço como "um conjunto de objetos e de relações que se realizam sobre esses objetos; não entre esses especificamente, mas para as quais eles servem de intermediários".[11] De certa forma, as contradições sociais estão enraizadas no espaço e por isso são contradições socioespaciais.

A cidade concentra e adensa o espaço em contraposição ao mundo rural onde o espaço é diluído e extenso.[12] Com isso, a cidade aproxima as estruturas físicas criadas pela cultura, mas também aproxima fisicamente as pessoas, embora, paradoxalmente, as distancie existencialmente. No que diz respeito às pessoas, a concentração e o adensamento do espaço criam ilhas de sobrevivência, verdadeiros guetos que segregam as pessoas em virtude de sua condição socioeconômica. Esse processo de concentração e de adensamento do espaço das cidades é, então, bastante contraditório em seu processo histórico e em sua configuração.

A razão fundamental para a existência dessas contradições socioespaciais na cidade está no fato de que a cidade "é um grande meio de produção material e imaterial, lugar de consumo, nó de comunicação".[13] No interior da cidade convivem diversas centralidades. Mas uma delas tem predomínio sobre as demais: a centralidade econômica.

---

[11] SANTOS, Milton. *Metamorfoses do espaço habitado.* 5 ed. São Paulo: Huicitec, 1997, p. 71.
[12] LIBANIO, João Batista. *As lógicas da cidade. Op. cit.*, p. 48.
[13] SANTOS, Milton. *Por uma economia política da cidade*: o caso de São Paulo: Huicitec-Educ, 1994, p. 118.

Assim, a cidade não é só lugar de aglomeração de pessoas, de comércio e de consumo, onde está localizado o centro do poder político, mas é também um grande meio de produção e um nó de comunicação. Na cidade concentram-se as indústrias, passam as estradas e estão os meios de comunicação necessários para a vida numa sociedade de massa.

Em outras palavras, "a cidade – sobretudo a grande cidade – constitui um meio material e um meio social adequados a uma maior socialização das forças produtivas e de consumo".[14]

E como alerta Santos, não são apenas as estruturas produtivas que são condição do processo produtivo fundado na privatização crescente. A apropriação dos objetos naturais e artificiais e das próprias benfeitorias coletivas presentes na cidade, criadas, em princípio, para atender às demandas mais amplas da sociedade, é privatizada de forma seletiva e excludente pelo capital; embora, muitas vezes, a socialização promovida "por uma rede diferenciada de firmas e agentes à disposição dos processos produtivos complexos da cidade facilita o consumo até nas camadas mais pobres".[15]

O capitalismo avança ampliando a "socialização capitalista" entendida como um amplo processo promovido por esse sistema no qual são criados capitais comuns e meios coletivos são colocados à disposição da estrutura produtiva: "é socialização pelo fato de que não são os capitais individuais que a devem empreender diretamente; é capitalista porque os beneficiários são poucos..."[16]

---

[14] Ibid., p.120.
[15] Ibid., p. 120.
[16] Ibid., p. 122.

A cidade é o espaço privilegiado onde se dá esse processo de socialização capitalista. Melhor dizendo, a cidade reforça e amplia o processo de socialização capitalista tão fundamental para o desenvolvimento e consolidação desse sistema. Segundo Topalov,

> a cidade constitui uma forma de socialização capitalista das forças produtivas. Ela mesma é o resultado da divisão social do trabalho e é uma forma desenvolvida de cooperação entre as unidades de produção.[17]

Por isso, aos olhos do capital, a importância da cidade está no fato de que ela, por si só, é uma força produtiva em virtude de reunir as condições objetivas para a socialização capitalista. Para o capital a cidade não é espaço de liberdade, embora fosse entendida dessa forma nos primórdios do desenvolvimento do capitalismo, e muito menos de convivência humana.

Para o capital, a cidade é basicamente força produtiva, espaço de socialização capitalista. A exigência da liberdade subordina-se ao processo de socialização.

Esse processo de socialização capitalista traz, como contrapartida, um processo de disparidades espaciais, que está presente nos centros das cidades e na relação dos centros das cidades com suas periferias, mas também de disparidades sociais que estão presentes nas gritantes disparidades de renda.

A reflexão realizada até aqui permite concluir que a cidade foi – e ainda é – a alternativa histórica encontrada pelo capital para organizar e consolidar o novo modo de produção que tem tensões intrínsecas. Sendo a cidade espaço de contradição, ela carrega dentro de si tensões permanentes:

---

[17] TOPALAV, apud SANTOS. *Op. cit.*, p. 123.

se é verdade que a cidade foi, desde os seus primórdios, o espaço da liberdade, foi também o espaço de coabitação tensa entre ricos e pobres, mesmos nos contextos em que demonstrou maior equidade social.[18]

3. A cidade como lugar de diversidade

A cidade é lugar de complexidade. Essa complexidade pode ser observada tanto na distribuição do espaço como nas relações de poder e na convivência cotidiana, e aponta não só para a inter-relação entre essas diversas dimensões, que um olhar atento pode revelar, mas também para a existência da diversidade.

A sociedade tradicional é lugar de homogeneidade nas visões de mundo. E quando surgem as divergências elas são silenciadas para manter a coesão social. A sociedade tradicional não é capaz de conviver com a diversidade, com as rupturas.

A cidade, num primeiro olhar, revela-se como espaço concentrado, mas com vários centros em seu interior. Se a cidade medieval tinha sua distribuição espacial organizada a partir do centro da cidade ao redor do templo religioso, a cidade moderna paulatinamente constrói diversos centros:

> Na cidade medieval, o templo religioso era o lugar central da cidade, como reflexo do universo religioso que estruturava a vida social. A arquitetura do centro da cidade era reflexo da forma como se estrutura o campo religioso. (...) Por isso, é correto dizer que o espaço urbano moderno vai caracterizar-

---

[18] PASSOS, João Décio. *Op. cit.*, p. 26.

-se pela perda dos centros. Mais ainda, o urbano dilui a centralidade desses dois espaços – casa e trabalho – e instaura outras centralidades.[19]

Na modernidade, a cidade promove a compressão do espaço ao mesmo tempo em que desenvolve diversos centros a partir dos quais sua vida se dá: o centro do poder político, o centro do poder econômico, os templos religiosos que se dispersam, os locais de moradia, os centros de lazer:

> É correto dizer que a cidade moderna é policêntrica: ela possui diversos centros onde a vida circula: a casa, o trabalho, a religião, o lazer, o mercado. E essa "policentrização" da cidade obriga as pessoas a uma fragmentação espacial que se junta à fragmentação existencial própria do novo modus vivendi...[20]

Libanio afirma que o "espaço urbano moderno se caracteriza pela perda dos centros. Ou por um pluricentrismo simultâneo. Está em qualquer momento em qualquer centro".[21]

Na cidade a diversidade apresenta-se na organização dos espaços do trabalho, da moradia e do lazer, no número de atividades econômicas ou não, na origem cultural dos habitantes e nas visões de mundo. Em outras palavras, da mesma forma que as contradições, a diversidade apresenta-se tanto no espaço como na paisagem.

Se as várias esferas da vida social constituem-se em diversos centros, o mundo das ideias ganha também uma diversidade até então desconhecida. Isto se dá por causa do clima de liberdade

---

[19] SANCHEZ, Wagner Lopes. *Op. cit.*, p. 52.
[20] Ibid.
[21] LIBANIO, João Batista. *Op. cit.*, p. 31.

existente na cidade. A liberdade extravasa o mundo da economia que reivindica a liberdade para que a atividade econômica possa desenvolver-se sem amarras. A liberdade atinge o âmbito das ideias, muitas vezes a contragosto dos grupos hegemônicos, e desde que não ameace seus interesses.

A diversidade, aliada à liberdade de pensamento e de ação, possibilita o surgimento do pluralismo de visões de mundo, sejam elas políticas ou religiosas. Assim, não há pluralismo sem diversidade e sem liberdade de expressão e de ação.

O pluralismo político e o pluralismo religioso são consequências da lógica das rupturas e da convivência de visões de mundo diferentes que vão exigir ambiente para se expressar e possibilidade de legitimação.

O pluralismo de visões de mundo gradativamente se consolida na cidade em virtude da quebra de hegemonias. A destruição das hegemonias começou com a Reforma Protestante, que tirou da Igreja Católica a hegemonia no campo religioso. De religião dominante, ela foi obrigada a conviver com outras configurações religiosas.

A Reforma Protestante, no século XVI, foi o grande momento da construção da diversidade e significou a ruptura com um determinado modelo organizacional de religião, com certa teologia e com determinado modelo de prática religiosa na esfera pessoal. Por isso, Marramao chega a afirmar que a Reforma Protestante teve um traço revolucionário que repercutiu na compreensão da fé, da prática religiosa e do sacerdócio.[22]

---

[22] MARRAMAO, Giacomo. *Céu e terra*. São Paulo: UNESP, 1994, p. 37.

Essa importância revolucionária da Reforma Protestante para o campo religioso no que diz respeito ao processo de construção da diversidade religiosa acabou extrapolando para outras esferas da sociedade. Embora a Reforma Protestante tenha trazido mudanças prioritariamente para o campo religioso, ela inaugurou uma condição que foi importante para a modernidade e para a cidade: a condição da diversidade. E, além disso, favoreceu o surgimento do pluralismo tanto religioso como político.

Se a cidade é o local da diversidade, é nela que se desenvolve o pluralismo. A cidade é o lugar da liberdade e também o lugar da liberdade religiosa. Nela as religiões reivindicam a liberdade de expressão e de ação, mas também afirmam sua legitimidade e são desafiadas a reconhecer a legitimidade das demais religiões.

O capítulo II apresenta os principais momentos do percurso histórico da cidade no ocidente e sua relação com presença da Igreja Católica nesses momentos. Com isso, pretende-se apresentar os principais desafios que a cidade tem colocado para a Igreja Católica.

CAPÍTULO II

A CIDADE E A IGREJA CATÓLICA

> O cristianismo, aliás, retomou uma concepção antiga da cidade... o que define, o que constitui a cidade não são os muros, são os homens, as pessoas que a habitam (*Jacques Le Goff*).

A cidade foi e ainda é uma realidade desafiadora para as instituições tradicionais. Toda a complexidade da cidade, examinada no primeiro capítulo, coloca questões importantes para as religiões que nasceram num contexto social diferente do contexto urbano. Para a Igreja Católica não poderia ser diferente.

O urbano, ao longo da história, não tem sido uma realidade muito estranha para a Igreja Católica. A expansão do cristianismo se fez nas cidades e o mesmo teve um papel importante no desenvolvimento da cidade medieval, chegando, inclusive, a contribuir na construção do imaginário sobre a cidade. O historiador Le Goff reconhece esse papel ao afirmar que o cristianismo trouxe para a Idade Média uma concepção antiga da cidade e que contribuiu com aquele imaginário.[1]

Neste capítulo será feita uma reflexão sobre a relação da Igreja Católica com a cidade até a época moderna e sobre o processo de urbanização que mudou o cenário do mundo ocidental, sobretudo a partir do século XIX.

---

[1] LE GOFF, Jacques. *As raízes medievais da Europa*. Petrópolis: Editora Vozes, 2007, p. 145.

1. A Igreja Católica e a irrupção do *homo urbanus* no século XIII

O renascimento da cidade medieval, nos séculos XI e XII, trouxe desafios às estruturas eclesiásticas centradas na paróquia que foram desenvolvidas no interior do feudalismo. O sistema paroquial não tinha condições de dialogar com a cidade e de responder às novas demandas. Em certo sentido, como afirma Comblin, a estrutura paroquial ignorou a cidade.[2]

Com o renascimento das cidades, inicialmente, a Igreja Católica, em virtude de seu envolvimento com o feudalismo, não se preocupou em responder ao novo desafio. Por outro lado, ela não era capaz de adaptar-se às mudanças provocadas pelo ressurgimento das cidades medievais. Num segundo momento, no entanto, sobretudo no século XIII, "a Igreja respondeu a esse novo desafio com a ação dos cabidos, em primeiro lugar, e logo, com os mendicantes, as irmandades, os mosteiros".[3]

Para compreender as respostas dadas pela Igreja Católica ao novo desafio representado pela cidade, é necessário examinar, de um lado, a mudança no olhar do pensamento medieval sobre a realidade e, de outro lado, examinar também a própria realidade social no século XIII.

Do ponto de vista das ideias, as novas respostas dadas pela Igreja Católica à nova realidade da cidade estão vinculadas a um esforço realizado pelo pensamento medieval de encarar a realidade de forma positiva.

---

[2] COMBLIN, José. *Teologia da cidade*. São Paulo: Paulinas, 1991, p. 212.
[3] Ibid., p. 212. Ao contrário de Le Goff, Comblin considera os mosteiros como parte da ação da Igreja Católica para adaptar-se à cidade.

No século XII constatamos um movimento "de ida às coisas" em que o pensamento religioso procura compreender as coisas presentes na realidade como "maravilhas da criação",[4] em contraposição ao pensamento religioso dominante até então no Ocidente. Assim, até o século XII, por influência do pensamento de Agostinho, encontramos uma "tendência ao esquecimento das coisas", decorrente de certo desprezo das realidades terrestres em proveito das realidades religiosas, como lembra Bastit.[5]

Tomás de Aquino faz parte do novo movimento que surge no século XII:

> Se as realidades têm mesmo o seu arquétipo no pensamento divino, segue-se também que as coisas, talvez mediante degradação, ou emanação, têm sua origem em Deus. Passa-se então da afirmação da relatividade das coisas criadas para a exaltação delas como símbolo.[6]

Ocorre, portanto, a descoberta do mundo, ou seja, o reconhecimento da importância de compreender a realidade de forma positiva. Essa descoberta do mundo terá dois grandes impulsos: redescoberta dos textos do direito romano nas universidades e dos textos aristotélicos.

Toda a obra de Tomás de Aquino expressa esse esforço de valorização das realidades terrestres. Mais do que isso, toda a obra de Tomás de Aquino está perpassada pelo diálogo com a realidade da cidade e com o novo *homo urbanus*. Esse voltar-se

---

[4] BASTIT, Michel. *Nascimento da lei moderna*. O pensamento da lei de Santo Tomás a Suarez. São Paulo: Martins Fontes, 2010, p. 4.
[5] Ibid., p. 5
[6] Ibid., p. 26.

para as realidades terrestres incluirá a preocupação com a realidade da cidade que estava renascendo e será importante no processo de aproximação da Igreja Católica da nova realidade.

No que diz respeito à nova realidade social oriunda no século XIII, segundo Le Goff, esse século é o século da grande prosperidade da Europa Medieval e isto se dá em quatro campos:

> O primeiro é o crescimento urbano. (...) O segundo é o da renovação do comércio e da promoção dos mercadores, com todos os problemas levantados pela difusão do uso do dinheiro na economia e na sociedade. O terceiro êxito é o do saber. Atinge um número crescente de cristãos pela criação de escolas urbanas o que corresponde ao que chamaríamos de ensino primário e secundário. (...) Mas se notará, sobretudo, para a nossa finalidade, a criação e o sucesso rápido de centros que diríamos de ensino superior, as universidades. (...) Finalmente, o quarto acontecimento, que sustenta e alimenta os três outros. Trata-se da criação e extraordinária difusão, em cerca de trinta anos, de novos religiosos que residem na cidade e são ativos sobretudo no meio urbano, os frades das ordens mendicantes, que formam a nova sociedade e remodelam profundamente o cristianismo que ela professa.[7]

Apesar de longa, a citação de Le Goff é importante para compreender o deslocamento, no apogeu do Ocidente medieval, de uma "Europa rural" para uma "Europa urbana". De certa forma, a vida na Europa se renova a partir da cidade no século XIII.

Da mesma forma que a cidade teve um papel crucial para o desenvolvimento do capitalismo e da modernidade, pode-se

---

[7] LE GOFF, Jacques. *As raízes medievais da Europa*. Petrópolis: Editora Vozes, 2007, p. 144.

afirmar, também, que ela teve um papel crucial para a construção daquilo que Le Goff chama de "modelo europeu".[8]

A revitalização da sociedade europeia, no século XIII, não pode ser compreendida sem a cidade. E, ao mesmo tempo, não pode ser compreendida sem o cristianismo, religião hegemônica na Europa medieval. Nos quatro êxitos indicados por Le Goff, a presença da Igreja Católica pode ser percebida.

A própria ideia de cidade desenvolvida na Europa medieval foi muito difundida pelo próprio cristianismo: a ideia de que o que constitui a cidade não são os muros que a circundam, mas as pessoas que nela habitam.[9] Assim, a ideia de cidade é descolada da geografia e vinculada à ideia do *homo urbanus*, daquele que assume um novo estilo de vida que rompe paulatinamente com o modelo de vida fundado no rural, sem, contudo, contrapor-se necessariamente às estruturas feudais.

Apesar disso, a cidade dividia muitas lideranças da Igreja Católica na época. As próprias imagens bíblicas de Jerusalém e de Babilônia, sempre em luta, serão utilizadas muitas vezes para expressar as diferentes visões sobre a cidade existentes na Idade Média.[10] Mas apesar das divergências em torno da cidade o que aconteceu é que gradativamente a Igreja Católica foi mudando sua posição quanto à mesma. A esse respeito, Le Goff afirma que uma nova visão de cidade estava presente em alguns sermões de Alberto Magno que apresentavam, de forma embrionária, uma "teologia e espiritualidade da cidade" já no século XIII:

---

[8] Ibid., p. 143.
[9] Ibid., p. 144.
[10] Ibid., p. 145.

Ela é encontrada numa série de sermões pregados em Augsburgo, em meados do século XIII pelo dominicano Alberto Magno, em latim e em alemão, sermões que propõem uma espécie de teologia e de espiritualidade da cidade segundo a qual as ruas estreitas e sombrias são comparadas ao inferno e os amplos palácios, ao paraíso.[11]

A existência de certa "teologia da cidade", claro que de forma muito fragmentária, explica-se tanto pela presença maciça de cristãos nas cidades, como também por certa sensibilidade de membros da hierarquia católica para a vida no mundo urbano. Além disso, existiam vínculos históricos muito estreitos entre as cidades medievais e a Igreja Católica, já que, como revela o próprio Le Goff, "o primeiro tipo de cidade que se impõe na Europa Medieval foi a cidade episcopal".[12] Le Goff chega a afirmar que "a presença de um bispo foi inclusive o sinal urbano por excelência".[13]

Com o desenvolvimento do movimento comunal, que buscava conquistar a autonomia das cidades em relação às estruturas feudais, sem necessariamente confrontá-las, dá-se uma mudança importante nas relações da Igreja com a cidade:

> A Idade Média comunal demonstra, portanto, forma distinta de relações entre a Igreja e a cidade. A Igreja se converte em animadora do espírito da cidade, do espírito comunitário. Não influi por meio de suas estruturas, mas por sua doutrina, por seus doutores, por seus pregadores.[14]

---

[11] Ibid.
[12] Ibid., p. 147.
[13] Ibid.
[14] COMBLIN, José. *Op. cit.*, p. 213.

Comblin afirma que houve até mesmo certa simbiose entre o movimento urbano medieval e a Igreja Católica. Segundo esse autor, as catedrais seriam um símbolo disso, pois "foram construídas pelas cidades, pelos cônegos e pelo clero burguês".[15]

Le Goff aponta quatro problemas que a Igreja Católica tinha pela frente nessa época:

> a reforma gregoriana inacabada, a difusão rápida das heresias, a falta de adaptação a uma sociedade em que circulação do dinheiro se acelerava, em que a riqueza se tornava um valor, e a cultura monástica ligada a uma sociedade rural não era mais capaz de responder às exigências.[16]

Para enfrentar alguns desses problemas, três estratégias se desenvolveram no interior da Igreja Católica e tiveram papel fundamental na evolução das cidades: a mudança do discurso quanto ao dinheiro, a atuação das irmandades e a atuação das ordens mendicantes.

A primeira delas é aquela que se refere à justificação econômica das atividades comerciais e financeiras até então consideradas pela Igreja Católica como pecaminosas. Essa concepção, obviamente, colocava obstáculos ao desenvolvimento livre das atividades econômicas urbanas, pois estabelecia interditos religiosos no imaginário das pessoas:

> O mercador-banqueiro confronta-se, porém, com um difícil caso de consciência. A Igreja Medieval, marcada pelo ascetismo dos monges, e que leu nas Escrituras a condenação do empréstimo a juros, ensinava a desprezar o dinheiro.[17]

---

[15] Ibid., p. 214.
[16] Ibid., p. 198.
[17] LE GOFF, Jacques. *Em busca da Idade Média*. Rio de Janeiro: Civilização Brasileira, 2006, p. 97.

Já no século XIII observam-se mudanças na posição da Igreja Católica que adotou uma atitude mais conciliadora em relação às práticas comerciais, antes consideradas como más, embora oficialmente a mesma continuasse condenando a usura e a atividade comercial fosse vista com desconfiança.[18]

Diversos foram os argumentos utilizados por teólogos da época para amenizar as condenações. Seja afirmando que o lucro era uma forma de salário do trabalho do burguês, seja afirmando que por meio de sua atividade os comerciantes prestavam um grande serviço à comunidade, esses teólogos procuravam matizar o discurso da Igreja Católica para oferecer à nova classe em ascensão uma nova forma de justificação de suas práticas. Além desses argumentos, havia um terceiro vinculado ao mecenato praticado pelos comerciantes, tanto na arte como na cultura que estavam muito vinculados à vida religiosa. Esse mecenato, de certa forma, aos olhos da Igreja Católica "permite aos mercadores a 'remissão' de seus pecados".[19]

Mas pesava também, na mudança de posição da Igreja Católica, o fato de muitas das obras assistenciais mantidas pela instituição terem sido financiadas por comerciantes.[20]

Do lado da Igreja Católica, Le Goff lembra que a origem da doutrina do purgatório na Idade Média era um dos sinais de mudança na posição. A afirmação da existência do purgatório foi a forma encontrada pela instituição para atender às demandas religiosas vindas dessa nova classe social.[21]

---

[18] LIMA, Lana Lage da Gama. Reforma católica e capitalismo. In: *Revista História & Religião*. Rio de Janeiro: Mauad, 2002, p. 72.
[19] LE GOFF Jacques. *Op. cit.*, p. 103.
[20] LE GOFF, Jacques. *As raízes medievais da Europa*. Petrópolis: Editora Vozes, 2007, p. 166-167.
[21] Ibid., p. 167.

Fica claro que o principal interlocutor com o qual a Igreja Católica fez um esforço de diálogo foi justamente o homem burguês, aquele que faz da cidade seu lugar próprio, seu território de liberdade. Esse homem precisava de liberdade espacial, territorial, para ir e vir, mas também precisava de liberdade de consciência para agir sem a percepção de que estivesse pecando. Por isso, não é possível falar num enfrentamento entre Igreja Católica e a nova classe emergente, pois a ferramenta fundamental para esta última, o dinheiro, gradativamente foi sendo legitimado pela instituição:

> Há uma consciência do perigo que o dinheiro representa, há uma consciência do obstáculo em que ele se constitui no caminho da salvação, mas não se deixa de reconhecer cada vez mais sua legitimidade embutida numa verdadeira "economia" moral.[22]

Como assinala Le Goff,

> O lugar-comum, segundo o qual a Igreja se oporia à economia e ao progresso, é parte do velho arsenal das Luzes, retomado no século XIX. A verdade é totalmente outra: a partir dos séculos XI e XII desenvolve-se uma legitimação do dinheiro.[23]

A Igreja Católica mudou seu discurso explicativo da realidade social. Mas, além disso, ela mudou também suas práticas que se expressaram nas duas outras estratégias assinaladas: as irmandades e as ordens mendicantes.

---

[22] LE GOFF, Jacques. *Em busca da Idade Média*. Rio de Janeiro: Civilização Brasileira, 2006, p. 101.
[23] Ibid., p. 101. O itálico é do próprio Le Goff.

Quanto às irmandades medievais, estas tiveram um papel muito importante na vida das cidades, embora a história nem sempre dê o destaque necessário a esses movimentos. Segundo Comblin, elas reuniam "o povo cristão organizado, e também foram muito mais independentes do clero e muito mais autônomas em sua organização que os movimentos leigos atuais".[24]

Essas irmandades reuniam os leigos de forma espontânea e voluntária sob uma regra estabelecida pelos mesmos. Além das atividades religiosas que lhes eram próprias, criavam também estruturas de ajuda mútua entre seus membros.[25]

Comblin identifica dois tipos de irmandades: as irmandades piedosas e as irmandades profissionais que estabeleciam relações muito estreitas com as corporações profissionais.[26]

Como também em outros momentos da história do catolicismo, as irmandades muitas vezes entraram em conflito com o clero que queria que aquelas organizações se dedicassem exclusivamente às atividades religiosas.

Uma segunda estratégia foi o surgimento das ordens mendicantes que se consagraram especialmente às cidades. Enquanto os mosteiros, longe das cidades, eram verdadeiros feudos, "isolados do mundo", símbolos de um modelo de Igreja vinculada ao mundo rural, cujas características eram a estabilidade e o distanciamento em relação ao mundo, as ordens mendicantes eram sinal de uma Igreja inserida na cidade e preocupada com os problemas da instituição e com os leigos.[27]

---

[24] COMBLIN, José. *Op. cit.*, p. 215.
[25] Ibid., p. 215.
[26] Ibid., p. 215.
[27] LE GOFF, Jacques. *As raízes medievais da Europa*. Petrópolis: Editora Vozes, 2007, p. 198.

Como as irmandades, essas ordens constituíram-se em estruturas independentes daquelas das estruturas convencionais da Igreja Católica, o que muitas vezes gerou conflitos com a hierarquia eclesiástica.[28]

Desta forma, o surgimento das ordens mendicantes foi uma das estratégias utilizadas pela Igreja Católica para responder às grandes provocações da cidade e do *homo urbanus*.

No século XIII surgiram duas ordens mendicantes: a dos Pregadores ou Dominicanos (1216) e os Menores ou Franciscanos (1209).

Na cidade, essas ordens ofereciam espaço para muitos leigos viverem mais intensamente a vida evangélica,[29] de acordo com o imaginário medieval, e por outro lado ofereciam um serviço à população pobre, resultado da desigualdade social presente nos centros urbanos.

Vivendo na pobreza, dentro dos limites do imaginário social da época, e colocando-se a serviço dos setores marginalizados, num espírito assistencialista, essas ordens eram também símbolo de uma sociedade que não incorporava todas as pessoas aos benefícios da cidade. No entanto, era uma denúncia velada de uma Igreja que tinha cumplicidade com um modelo de sociedade que privilegiava os ricos e alimentava a desigualdade.

A opção das ordens mendicantes, embora revelasse essa denúncia velada, possibilitava à Igreja Católica e à nova sociedade incorporar o pobre em seu imaginário sem causar conflitos. A esse respeito, é bom lembrar que

---

[28] COMBLIN, José. *Op. cit.*, p. 219.
[29] ALBERIGO, Giuseppe. *A Igreja na história*. São Paulo: Paulinas, 1999, p. 103.

> o pobre e o rico aparecem no discurso cristão medieval como categorias extremas e complementares, fixadas por Deus; o pobre tinha a salvação garantida pelo exercício da paciência e resignação, e proporcionava ao rico – corrompido pelos excessos de luxo e violência característicos da nobreza – a possibilidade de salvação pela caridade.[30]

É preciso assinalar que tanto as irmandades como as ordens mendicantes atendiam a outra demanda das cidades: os leigos. As diversas ordens mendicantes criaram as chamadas ordens terceiras destinadas a acolher leigos que queriam viver intensamente a espiritualidade dessas ordens, mas permanecendo em suas famílias e exercendo suas profissões.[31]

No século XVI, o Concílio de Trento (1545-1563) reafirmou as estruturas organizacionais da Igreja Católica provenientes da Idade Média. As cidades ficaram divididas em paróquias e mantiveram os títulos eclesiásticos tradicionais sem renová-los. A partir daí houve o afastamento da Igreja Católica da vida pública. Com o desenvolvimento das monarquias absolutas, que assumiram gradativamente a direção total da vida social, os monarcas subordinaram o clero e procuraram fazer do mesmo um instrumento de seus interesses. Outro fato decorrente da ação dos monarcas foi a redução da autonomia das cidades.[32] No caso dos religiosos, houve, num primeiro momento, a retirada da vida pública e o desenvolvimento do sedentarismo. Num segundo momento, os religiosos saem dos conventos e "adotam uma pregação mais interior, mais individual. Já não se dirigem às cidades, que, por outro lado, já não têm nenhuma expressão comunitária".[33]

---

[30] LIMA, Lana Lage da Gama. *Op. cit.*, p. 70.
[31] COMBLIN, José. *Op. cit.*, p. 204.
[32] Ibid., p. 221.
[33] Ibid., p. 221.

Comblin denomina a estrutura da Igreja Católica nas cidades, na época moderna, como polinuclear: "cada cidade terá exemplo de cada uma das ordens e congregações principais", com sua pregação e suas devoções.[34]

Essa estrutura polinuclear correspondeu à própria estrutura policêntrica própria das cidades modernas:

> Assim se produz espécie de descentralização ao redor de núcleos formados pelos conventos. A cidade já não tem unidade, nem vida pública. Os habitantes se refugiam em famílias religiosas espirituais, em pequenas associações particulares, que, antes de tudo, são obras piedosas. A sociedade urbana se torna provinciana e se limita a devoções particulares.[35]

As irmandades surgidas no período medieval adquirem caráter apenas devocional e deixam de ser comunidades de vida. Ao mesmo tempo, surgem diversas congregações missionárias que se dedicam às missões rurais. A prioridade da Igreja Católica era o mundo rural. A presença da Igreja Católica nas cidades se faz sobretudo por meio da atuação junto à nobreza:

> É na corte que o apostolado tentará sua oportunidade e procurará exercer ação na vida coletiva. Serão os "confessores do rei" e os pregadores da corte que substituem os pregadores das praças públicas medievais.[36]

---

[34] Ibid., p. 221.
[35] Ibid., p. 222.
[36] Ibid., p. 222.

Em certo sentido, as cidades são abandonadas pela Igreja Católica. A Revolução Francesa, como explica Comblin, não alterou o quadro: a Igreja Católica manteve inalteradas suas estruturas rurais.

No século XIX, o processo de urbanização encontra uma igreja com estruturas rurais, mas também tendo sua prioridade de atuação no campo. As missões rurais tiveram seu auge na primeira metade do século XIX.

Mas o processo de urbanização foi acompanhado de um fenômeno que trouxe obstáculos à estratégia das missões rurais da Igreja Católica: as migrações. Esse fenômeno de certa forma frustrou a estratégia "precisamente quando a Igreja se esforçava em converter a sociedade conquistando povoação por povoação à sociedade rural..."[37]

A Igreja Católica reage contra a cidade em defesa do campo. Comblin lembra que a urbanização chegou a ser vista naquele contexto como manifestação do demônio.[38] Era a reação de uma Igreja que via seus planos de missões rurais interrompidos.

A reação da Igreja Católica pode ser compreendida dentro do contexto eclesial da época. Dois acontecimentos na época moderna atingiram diretamente a Igreja Católica: a Reforma Protestante e a Revolução Francesa. A Reforma Protestante modificou completamente o campo religioso na Europa com a criação de outras igrejas cristãs. A Revolução Francesa e a onda liberal na Europa tiraram da Igreja Católica o papel político que esta tinha.

---

[37] Ibid., p. 223.
[38] Ibid.

Tanto a Reforma Protestante como a Revolução Francesa levaram a Igreja Católica ao declínio de sua hegemonia. Isso fez a instituição viver uma crise de identidade que repercutiu inclusive na época contemporânea. Além disso, no século XIX, sobretudo, a Igreja Católica reagirá também contra as ideias da modernidade.

A posição da Igreja Católica diante da cidade será uma posição construída nesse contexto de crise de identidade.

2. A cidade e sua importância na consolidação do capitalismo

A maioria das definições de cidade traz um elemento comum: "trata-se de uma aglomeração humana, de um conjunto de pessoas vivendo próximas uma das outras".[39] Castells apresenta-nos dois aspectos das cidades: "1. Concentração espacial de uma população, a partir de certos limites de dimensão e de densidade. 2. Difusão do sistema de valores, atitudes e comportamentos denominado 'cultura moderna'".[40]

Enquanto o primeiro aspecto da definição de Castells aponta para a concentração da população em certo espaço e, obviamente, para as diversas condições necessárias para a vida dessa população; o segundo aspecto aponta para determinado estilo de vida, para determinado *modus vivendi*, para determinado tipo de cultura que é a cultura urbana.

O êxodo do mundo rural para o mundo urbano, na crise do sistema feudal, aumentou de forma acentuada a concen-

---
[39] SINGER, Paul. *Economia política da urbanização*. 2 ed. São Paulo: Contexto, 2002, p. 139.
[40] CASTELLS, Manuel. *A questão urbana*. 4 ed. São Paulo: Paz e Terra, 2009, p. 39.

tração da população nas cidades. O capitalismo aproveitou esse momento de concentração espacial da população, num nível nunca antes visto, e promoveu o processo de urbanização que foi fundamental para o desenvolvimento desse modelo de sociedade.

Como já assinalado neste texto, o modo de produção capitalista, em seus primórdios, desenvolveu-se na cidade e, ao mesmo tempo, fez da cidade seu espaço fundamental de organização:

> Pode-se interpretar deste modo o surgimento do capitalismo no seio da sociedade feudal, sua longa luta para se desenvolver e o seu triunfo como uma etapa histórica do desenvolvimento das forças produtivas urbanas. O capitalismo surge na cidade, no centro dinâmico de uma economia urbana, que lentamente se reconstitui na Europa, a partir do século XIII.[41]

As cidades tiveram um papel importante na construção do capitalismo ao longo de um processo complexo de construção da urbanização em novos moldes.

O capitalismo criou um novo *homo economicus*, que teve na atividade econômica seu fim último, e que desencadeou um processo de racionalização das atividades econômicas e da própria vida em geral. A cidade foi o lugar escolhido pelo novo *homo economicus* para viver.

A cidade é anterior ao capitalismo, mas esse modelo de sociedade encontrou na cidade todas as condições materiais e históricas necessárias para sua consolidação.

---

[41] SINGER, Paul. *Op. cit.*, p. 20.

Em outros termos, pode-se afirmar que a cidade foi de fundamental importância para o desenvolvimento do capitalismo, pois ela se constitui "uma forma de socialização capitalista das forças produtivas. Ela mesma é o resultado da divisão social do trabalho e é uma forma desenvolvida de cooperação entre as unidades de produção".[42]

Por isso, "a cidade é um grande meio de produção material e imaterial, lugar de consumo, nó de comunicação".[43] Isso acontece porque a cidade é o espaço do trabalho acumulado e o espaço do trabalho presente; é o espaço onde se (re)produz e se dissemina a infraestrutura necessária para o desenvolvimento do capitalismo – trabalho acumulado –, mas é também o espaço onde a força de trabalho está presente e disponível como mercadoria a ser oferecida aos donos do capital – trabalho presente.[44]

O processo de urbanização, portanto, é um processo complexo onde as mercadorias são produzidas e vendidas – inclusive a força de trabalho –, onde o consumo se dá, onde os meios de comunicação se desenvolvem para favorecer a dinâmica da vida na cidade e onde os meios de transporte se encontram para que pessoas e mercadorias sejam movimentadas.

O segundo aspecto da definição apresentada por Castells refere-se, no entanto, ao estilo de vida presente na cidade moderna que, como esse autor admite, esteve bastante vinculado

---

[42] Topalov, Christinan. Les promoteurs imobiliers. Apud Santos, Milton. *Op. cit.*, p. 123.
[43] Santos, Milton. *Op. cit.*, p. 118.
[44] Ibid., p. 115.

ao primeiro aspecto antes referido.[45] Esse é o aspecto da cultura urbana que envolve um sistema de valores, de significados, modos de pensar, de olhar o mundo e de relacionar-se com as pessoas e com meio circundante.

A cidade moderna é o lugar da multidão. Nesse espaço onde vive a multidão podem ser encontradas três características de certo *ethos* urbano: a transitoriedade, a superficialidade e o anonimato. A transitoriedade está relacionada ao constante ir e vir de pessoas, a relacionamentos que se criam e se rompem com muita rapidez; a superficialidade está relacionada com as relações interpessoais precárias e sem profundidade; o anonimato tem a ver com possibilidade de viver na cidade sem ser vigiado, controlado.[46]

Essas três características se articulam num "pano de fundo" que é a liberdade. Como já ressaltado, a cidade é, sobretudo, espaço de liberdade. Esse aspecto estará presente na vida urbana já na sociedade feudal, onde servos e comerciantes encontravam na cidade um lugar de liberdade. Liberdade em relação às amarras senhoriais que limitavam a ação tanto dos servos como dos comerciantes. Como se dizia no século XVI, nas cidades italianas, "o ar da cidade liberta".[47]

A cidade é, também, o lugar de um novo *homo urbanus*. E esse novo *homo* será um homem livre que procurará na autonomia da cidade construir sua vida.

É claro que essa liberdade não será igual para todas as pessoas que buscam viver na cidade. Algumas serão "mais livres do que outras".

---

[45] CASTELLS, Manuel. *Op. cit.*, p. 40.
[46] ANDERSON, Nels. *Op. cit*, 15-16.
[47] ROLNIK, Raquel. *Op. cit.*, p. 30.

A liberdade foi configurada, basicamente, pela liberdade no desenvolvimento da atividade econômica. Desta forma, ter propriedade na cidade é ter garantia de liberdade. Os proprietários dos meios de produção são aqueles que têm melhores condições socioculturais para viver a liberdade tão propalada pela cidade.

3. O processo de urbanização a partir da década de cinquenta do século XX

Para a compreensão de nosso tema – Igreja Católica e a cidade na *GS* – foi realizado um corte cronológico para entender brevemente o processo de urbanização.

O corte cronológico compreende às décadas de cinquenta e de sessenta do século XX justamente porque se referem ao contexto histórico de realização do Vaticano II.

3.1. O processo de urbanização

A cidade ocupa um lugar especial para a compreensão da sociedade moderna. Não é só o lugar de aglomeração e de condições materiais para a viabilização da vida humana e da sociabilidade. A cidade é também eixo teórico que possibilita a compreensão da própria constituição da sociedade moderna. O tema da cidade, portanto, tem incidência prática e teórica.

O estudo da cidade exige a compreensão do processo de urbanização. Não se pretende agora recuperar todo o processo de urbanização que se deu no ocidente desde a Revolução

Industrial. É necessário fazer um corte cronológico no processo de urbanização para analisar o olhar lançado sobre a cidade pelo Vaticano II. Assim, são apresentadas as principais características do processo de urbanização no século XX que, certamente, impactaram o mundo moderno e, como decorrência, a hierarquia católica, bem como parte do laicato católico no período anterior ao Vaticano II.

Na primeira metade do século XX, no interior da Igreja Católica, começou a ser elaborado um pensamento teológico que procurava dialogar com as grandes afirmações da modernidade em contraposição à posição oficial antimoderna construída por essa instituição, sobretudo nos séculos XVIII e XIX. É no início da década de sessenta do século XX, com o Vaticano II, que oficialmente a Igreja Católica adotou uma posição de conciliação com a modernidade. No Vaticano II houve uma ruptura com o arcabouço teológico até então hegemônico na Igreja Católica.

No ocidente, o século XX é o século da urbanização. Foi nesse século que o processo de urbanização foi acelerado e que se tornou a dinâmica de vida própria da sociedade ocidental. Essa aceleração do processo de urbanização esteve vinculada ao próprio desenvolvimento do capitalismo. O século XX foi o período em que o capitalismo atingiu patamares até então desconhecidos em seu desenvolvimento e em sua sofisticação. Tendo feito sua segunda Revolução Industrial, no século XIX, com a aplicação da energia elétrica ao processo industrial, no século XX o capitalismo atinge novos desdobramentos. A passagem do século XIX ao XX assistiu ao desenvolvimento do capitalismo financeiro e mais tarde do capitalismo informacional centrado na tecnologia da informação e permitiu ao capitalismo alterar significativamente a organização produtiva e as próprias condições de vida. Do ponto de vista da hegemonia, o século XX foi o século da construção da hegemonia norte-americana, sobretudo a partir da década de cinquenta, no pós-guerra, quando os Estados Unidos foram o grande vencedor da guerra.

Se até a Segunda Guerra o mundo capitalista viveu um período de crescimento moderado e constante, em razão dos ajustes que tiveram que ser feitos na economia mundial em virtude da crise de 1929, no período seguinte aconteceu a aceleração da atividade econômica. Dados reunidos por Harvey permitem compreender a evolução do capitalismo do final do século XIX até o final do século XX:

Período	Produto	Produto *per capita*	Exportações
1870-1913	2,5	1,4	3,9
1913-1950	1,9	1,2	1,0
1950-1973	4,9	3,8	8,6
1973-1979	2,6	1,8	5,6
1979-1985	2,2	1,3	3,8

Taxas médias de crescimento dos países capitalistas avançados a partir de 1870.[48]

Como revelam esses dados, o período de maior crescimento do capitalismo foi de 1950 a 1973. Foi nesse período que a economia capitalista viveu um período de euforia e de grande desenvolvimento até a chamada crise do petróleo, em 1973.

---
[48] HARVEY, David. *Op. cit.*, p. 128.

Cabe ressaltar também que nesse período se deram a consolidação e a expansão do modelo fordista de organização da produção dos EUA para a Europa e Japão. Essa consolidação e expansão estiveram vinculadas à adoção do Plano Marshall e de maciços investimentos do governo norte-americano nos países destruídos pela guerra:

> essa abertura do investimento estrangeiro (especialmente na Europa) e do comércio permitiu que a capacidade produtiva excedente dos Estados Unidos fosse absorvida alhures, enquanto o progresso internacional do fordismo significou a formação de mercados de massa globais e a absorção da massa da população mundial fora do mundo comunista na dinâmica global de um novo tipo de capitalismo.[49]

O período de 1950-1973 foi justamente o período de um novo tipo de internacionalização do capital baseado no fordismo e na hegemonia norte-americana. É especificamente nesse período que se deu uma intensificação da urbanização no ocidente. Dados apresentados por Castells confirmam essa afirmação:

Situação e projeções do fenômeno urbano no mundo (1920-1960 e 1960-1980)
— *em milhões (estimativas)*[50]

					Crêscimento Absoluto	
	1920	940	1960	1980	1920-60	1960-80
	Total mundial					
População total	1860	2298	2994	4269	1.134	1.275
Rural e pequenas cidades	1.607	1.871	2.242	2.909	635	667
Urbana	253	427	752	1.360	499	608
(Grandes cidades)	(96)	(175)	(351)	(725)	(255)	(374)

---

[49] Ibid., p. 131.
[50] CASTELLS, Manuel. *Op. cit.*, p. 48.

Embora os dados acima estejam classificados em períodos de vinte anos, considerados a partir de 1920, é possível perceber pelos dados referentes a 1960 e 1980 que é nesse período que há um grande salto no processo de urbanização em termos mundiais. O crescimento da população urbana de 1960 em relação a 1940 foi de 76,1%, enquanto que o crescimento da população rural no mesmo período foi de 19,8%. É necessário observar que o crescimento da população total no mesmo período foi de 30,2%.

3.2. A cidade e o novo padrão de consumo

O acentuado desenvolvimento que a urbanização atingiu no século XX, como foi demonstrado acima, fez nascer nas cidades uma cultura urbana com características específicas. Nos países capitalistas desenvolvidos, essa cultura urbana esteve vinculada a um novo padrão de consumo. Utilizando categorias empregadas por Lipovetsky, a cidade será o lugar do *homo consumericus*[51] pois no ocidente, no contexto da cultura urbana, desenvolver-se-á aquilo que se conhece como consumo de massa.

Em outras palavras, foi no contexto da cultura urbana, no século XX, que se desenvolveu uma "civilização consumidora".[52] Para Lipovetsky três são os ciclos da era de consumo de massa que teve início por volta dos anos oitenta do século XIX e se consolidou no século XX.[53] O primeiro ciclo, de 1880 até a década de

---

[51] LIPOVETSKY, Gilles. *A felicidade paradoxal*. Ensaio sobre a cidade de hiperconsumo. São Paulo: Companhia das Letras, 2008, p. 11.
[52] Ibid., p. 26.
[53] Ibid.

cinquenta do século XX, foi o ciclo da "produção e do *marketing* de massa". Nesse ciclo, houve o desenvolvimento da produção de massa e a invenção do *marketing* e do consumidor moderno. O segundo ciclo foi da década de cinquenta até o final da década de setenta e é definido pelo autor como o ciclo da "sociedade de consumo de massa". O terceiro ciclo tem início no final da década de 1970 e se estende até os dias atuais, sendo designado por Lipovetsky, como a época do hiperconsumo, que se caracterizará por uma "lógica desinstitucionalizada, subjetiva, emocional".[54]

Interessa-nos, sobremaneira, o segundo ciclo analisado por Lipovetsky, justamente porque este coincide com o impulso no processo de urbanização antes assinalado. Para esse autor, o ciclo II representa uma verdadeira ruptura cultural:

> É por volta de 1950 que se estabelece o novo ciclo histórico das economias de consumo: ele se constrói ao longo das três décadas do pós-guerra. Se essa fase prolongou os processos inventados no estágio precedente, nem por isso ela deixa de constituir uma imensa mutação cuja radicalidade, instituidora de uma ruptura cultural, jamais será sublinhada o bastante.[55]

O ciclo II é identificado pelo autor com a chamada "sociedade da abundância" e teve três marcas características: grande desenvolvimento econômico, elevação do nível de produtividade do trabalho e ampliação da regulação fordista da economia. Nas palavras de Lipovetsky, essas três marcas apontam esse ciclo

---
[54] Ibid., p. 41.
[55] Ibid., p. 32.

como "o modelo puro da 'sociedade do consumo de massa'" em contraposição ao ciclo anterior caracterizado como o ciclo da "produção em massa":

> Se a fase I começou a democratizar a compra dos bens duráveis, a fase II aperfeiçoou esse processo, pondo à disposição de todos, ou de quase todos, os produtos emblemáticos da sociedade de afluência: automóvel, televisão, aparelhos eletrodomésticos.[56]

O ciclo I preparou o terreno para o ciclo II. Foi no ciclo I que se desenvolveu o modelo de organização produtiva, conhecido como tayloriano-fordista. Esse modelo foi fundamental na preparação do ciclo II, pois criou as bases produtivas que as economias de mercado precisavam para a organização da sociedade de consumo de massa. Nesse modelo de organização se deu aquilo que Harvey chamou de modelo organizado de produção. Era a época do "capitalismo organizado"[57] onde a regulação da produção era o grande alvo das organizações empresariais, tendo em vista a distribuição em grande escala.

A "sociedade de consumo de massa" foi apresentada como o grande ideal a orientar as sociedades ocidentais e a vida individual. O *homo consumericus* constituiu o novo perfil do *homo urbanus.*

O *homo consumericus* é o homem da sociedade da abundância. Simbolicamente, o consumo se tornou uma necessidade para o homem. Para a indústria o consumo se tornou também

---
[56] Ibid.
[57] HARVEY, David. *Op. cit.*, p. 165.

uma exigência concreta para manter em funcionamento sua lógica inerente.

A cidade, lugar do *homo consumericus*, é por excelência o espaço onde a sociedade de consumo de massa vai concretizar-se, pois ela reúne em seu interior tanto as condições objetivas – lugar de produção, de distribuição e de consumo –, como também as condições subjetivas que vão favorecer a realização e o desenvolvimento de uma nova compreensão da vida tendo como eixo o consumo desenfreado.

4. A cidade desafia a Igreja Católica

Se num primeiro momento o movimento de Jesus de Nazaré nasceu no mundo rural, num segundo momento ele se expande para as cidades a partir da pregação de Paulo. De um movimento originariamente camponês, o cristianismo adquire, ainda no final do primeiro século, dimensões urbanas. Desta forma, ainda em seu início o cristianismo teve de conviver com a cidade e adaptar-se a suas diversas características para poder expandir sua mensagem e seu estilo de vida.

No entanto, foi na Idade Média, no mundo rural, que o catolicismo construiu uma estrutura que estará presente até os dias atuais – a paróquia – que é aquilo que se pode chamar de estrutura-estruturante do catolicismo.[58] Essa estrutura-estruturante foi um dos aspectos que, ao lado de uma hierarquia eclesiástica centrada no episcopado monárquico e patriarcal e alicerçada

---

[58] ALMEIDA, Antonio José de. *Paróquia, comunidades e pastoral urbana*. São Paulo: Paulinas, 2009, p. 41.

no mito de fundação da Igreja por Jesus Cristo, influiu na eclesiologia da Igreja-sociedade perfeita, na elaboração do discurso teológico e na prática pastoral da Igreja Católica a partir daí.

A lógica dessa estrutura é a lógica do mundo rural. O *modus vivendi*, que foi irradiado pela paróquia e que ao mesmo tempo vai sustentá-la, vai condicionar o imaginário do catolicismo: o mundo da aldeia será a referência cultural que delimitará a atuação da Igreja Católica, tanto no nível micro, nas bases da instituição, como também no nível macro no que diz respeito às diretrizes estabelecidas pela hierarquia central e pelos vários níveis do episcopado.

Esse pressuposto que está relacionado ao *locus theologicus*, a partir do qual a Igreja Católica atuava – o mundo rural, o mundo da aldeia –, pode explicar, pelo menos em parte, as dificuldades que a instituição teve, em seu conjunto, de compreender as diversas mudanças introduzidas pela modernidade.

A modernidade transformou a cidade em *locus* fundamental, tanto do desenvolvimento econômico quanto da definição da sociabilidade. Na época moderna, o tecido social – e todos os seus elementos como as relações sociais, os arranjos institucionais e os conflitos sociais – teve na cidade seu eixo.

A cidade não foi apenas lugar onde o desenvolvimento material do capitalismo, com a ampliação do comércio e o estabelecimento da indústria, possibilitou a expansão do mesmo e a consolidação das relações sociais baseadas na exploração da força de trabalho, considerada "livre". A cidade foi também – e ainda é – lugar de criação e de difusão de novos valores que teve expressão naquilo que ficou conhecido como cultura urbana.

Se, de modo geral, a Igreja Católica desde o século XIII adotou, mesmo que não oficialmente, discursos e práticas que revelaram uma posição tolerante diante do capitalismo e do mundo urbano, mesmo que mantendo sua estrutura-estruturante, de origem rural, no que diz respeito ao ideário da modernidade ela adotou uma posição de rejeição.

O ideário da modernidade foi, oficialmente, rejeitado pela Igreja Católica por ter se apresentado como alternativa à cristandade medieval, na qual a instituição religiosa deixou de ser a matriz ideológica. A dinâmica interna da modernidade baseada na ruptura constante[59] não foi aceita pela Igreja Católica. Entre a ruptura e a continuidade, a opção foi pela continuidade de um modelo de religião e de instituição que estava organicamente vinculada ao sistema feudal.

Para uma Igreja que teve seu imaginário institucional e sua estrutura organizacional sedimentados no mundo rural, já na Idade Antiga, a cidade moderna foi e ainda é o ícone dos novos tempos caracterizados por mudanças intensas e rápidas em todos os campos da vida social.

Do ponto de vista da problemática da cidade, pode-se dizer que a resistência da Igreja Católica às grandes afirmações da modernidade era também resistência ao novo *modus vivendi* da cidade moderna e à força simbólica da cidade.

Desta forma, a Igreja Católica viu a cidade como um perigo e não como potencialidade para sua atuação. A cidade não foi reconhecida como *locus theologicus*.

---

[59] HARVEY, David. *Op. cit.*, p. 22.

Enquanto o protestantismo, pelo menos em sua versão calvinista, cresceu nas cidades conseguindo atrair setores da burguesia, e, desta forma, foi levado a estabelecer diálogo com a cultura urbana, o catolicismo estritamente vinculado à aristocracia rural teve dificuldades em dialogar com a cidade moderna e seus desafios, apesar de ter contribuído com o desenvolvimento da cidade medieval.

Assim como no século XIII, também na época moderna a cidade se apresentou – e ainda se apresenta – como desafio à Igreja Católica. Desafio tanto aos discursos, como também às práticas eclesiais.

O grande desafio que se coloca na atualidade para a Igreja Católica é dialogar com a cidade e com sua complexidade: com as pessoas que habitam a cidade e com as instituições urbanas. Responder adequadamente a esse desafio exige da missão assumir a cidade em sua potencialidade, reconhecendo seus limites e contradições, mas também seus valores. Enfim, significa assumir a cidade como *locus theologicus*. Ou seja, olhar a cidade com uma sensibilidade específica e reconhecendo nela seu sentido teológico.

A GS tem elementos que podem contribuir com esse olhar sobre a cidade e revelar o sentido teológico da mesma. O capítulo III procurará identificar esses elementos.

CAPÍTULO III

IGREJA E CIDADE NA CONSTITUIÇÃO *GAUDIUM ET SPES* SOBRE A IGREJA NO MUNDO DE HOJE

> ... sentimos logo o urgente dever de conclamar nossos filhos para dar à Igreja a possibilidade de contribuir mais eficazmente na solução dos problemas da idade moderna (João XXIII). Não se encontra nada verdadeiramente humano que não lhes ressoe no coração *(GS 1)*.

O Vaticano II foi convocado por João XXIII com a intenção de promover na Igreja Católica um *aggiornamento*, "renovação e atualização da Igreja, em diálogo compreensivo com as comunidades cristãs, com as religiões, as culturas e o mundo moderno em geral".[1]

Segundo Josaphat, o êxito, as mudanças inauguradas pelo Vaticano II e seu impacto foram resultados de três fatores: a intuição de João XXIII, a liderança de alguns bispos comprometidos com o projeto do Concílio como *aggiornamento* e a atuação destacada dos teólogos como peritos.[2]

Esse evento foi responsável por duas mudanças paradigmáticas que tiveram impacto decisivo na vida da Igreja Católica con-

---

[1] JOSAPHAT, Carlos. Ratzinger, Chenu, Congar: Teólogos pioneiros no Concílio Vaticano II. In: *Revista Religião & Cultura*, n. 8, p. 15.
[2] Ibid., p. 9.

temporânea. Essas mudanças diziam respeito à autocompreensão da Igreja e à relação da mesma com o mundo.

Essas mudanças paradigmáticas já estavam sendo gestadas na teologia católica mesmo antes do Vaticano II. Diversos teólogos católicos – Bernhard Häring, Charles Moeller, Edward Schilebeeckx, Henri de Lubac, Hans Küng, Jean Daniélou, Joseph Ratzinger, Karl Rahner, Marie-Dominique Chenu e Yves-Marie Congar – contribuíram com a elaboração de uma teologia nessa direção e, inclusive, participaram do Vaticano II, como peritos, e chegaram a influenciar na inserção dessas mudanças nos documentos conciliares.

No caso do paradigma da autocompreensão, o Vaticano II rompeu com o paradigma eclesiológico predominante até então que era o paradigma da Igreja-sociedade perfeita. Esse paradigma, baseado no mito da fundação da Igreja Católica, afirmava que esta é uma instituição de origem divina e que, por isso, a hierarquia eclesiástica estava acima dos fiéis:

> A eclesiologia anterior estava fundada no conceito de *societas perfecta* e se inspirava nos conceitos nominalistas, segundo os quais o essencial da sociedade são os poderes que a regem. Com essa concepção a eclesiologia era uma hieraquiologia.[3]

O Vaticano II, ao romper com aquele paradigma eclesiológico, toma como ponto de partida a noção de povo de Deus: "Os padres conciliares queriam explicitamente apagar essa figura e voltar às origens da Igreja, às fontes bíblicas e patrísticas,

---

[3] COMBLIN, José. *O povo de Deus*. São Paulo: Paulinas, 2002, p. 20.

assim como aos grandes teólogos do século XIII".[4] Fundamentalmente, esse era um esforço para realizar o "abandono do tridentinismo".[5] A Constituição Dogmática Lumem Gentium (LG) definiu que "em qualquer época e em qualquer povo é aceito por Deus todo aquele que o teme e pratica a justiça (cf. At 10,35)" (LG 9a).

Esse novo paradigma eclesiológico, baseado no conceito de povo de Deus, assumido pelos padres conciliares, teve um papel crucial em todo o Vaticano II e modificou a compreensão da missão da Igreja, de seu lugar no mundo e de sua relação com as demais igrejas cristãs e religiões.

No caso do novo paradigma da compreensão da relação Igreja-mundo, ele foi expresso na GS. Esse documento tem um lugar especial no conjunto dos documentos do Vaticano II: ele apresenta a visão dos padres conciliares sobre as mudanças no mundo moderno e sobre o lugar da Igreja Católica no mesmo. Além disso, a GS expressa com riqueza a nova autocompreensão que a Igreja Católica tem de si mesma e de sua missão num mundo em transformação.

Por essas razões, o estudo da GS é decisivo para a compreensão da cidade e para a elaboração de uma teologia da cidade que queira ter o Vaticano II como referencial.

Este capítulo examina o tema da cidade na GS em três momentos: o significado e a importância desse documento, as imagens da cidade presentes no mesmo e a cidade como *locus theologicus*.

---

[4] Ibid.
[5] CONGAR, Yves-Marie. *Op. cit.*, p. 7.

1. O significado e a importância da *Gaudium et Spes*

Na história da Igreja Católica, o Vaticano II pode ser considerado como um acontecimento-ruptura, pois representou um rompimento com a trajetória anterior dessa instituição marcada pelo tridentinismo.

A perspectiva que considera esse evento da história da Igreja Católica como acontecimento-ruptura tem uma decorrência teórica: o Vaticano II é símbolo de um modelo de Igreja que se reconhece como parte do mundo e assume o mundo como um *locus theologicus*, onde sua missão se realiza. Em outras palavras, o Vaticano II reconhece que o mundo também pode oferecer chaves de leitura para compreensão da Igreja Católica.

A missão, desta forma, tem uma historicidade que traz consequências importantes para a Igreja Católica nos vários lugares onde ela está presente. Se até então, grosso modo, de acordo com o paradigma oficial, missão era entendida como salvação das almas, agora a missão incluirá uma resposta efetiva àqueles que são excluídos, que sofrem, que desejam justiça e que esperam dos cristãos um compromisso solidário.

A GS é o documento conciliar que melhor sintetizou a mudança profunda realizada pelo Vaticano II nas relações Igreja-mundo. Esse acontecimento elaborou um novo paradigma para essas relações fundado numa nova autocompreensão da missão da Igreja.[6] Esse paradigma rompeu com aquele utilizado até então pela Igreja Católica e que foi elaborado no contexto da luta do catolicismo contra as ideias da modernidade, sobretudo

---

[6] VELASCO, Rufino. *Op. cit.*, p. 295.

no século XIX. Esse paradigma pode ser encontrado nos documentos pontifícios elaborados por Pio IX. A Encíclica *Quanta Cura* é um exemplo disso.

A *GS* começou a ser elaborada em janeiro de 1963 e foi aprovada, em seu conjunto, em 6 de dezembro de 1965, na última seção conciliar,[7] e, em seguida, promulgada por Paulo VI. Embora todo o trâmite conciliar da *GS* tenha acontecido depois da morte de João XXIII, nas palavras do Arcebispo Gabriel-Marie Garrone, "poder-se-ia afirmar que este é o único esquema formalmente desejado por João XXIII".[8]

Esse é o documento que, em virtude da temática e dos desafios aos quais procurou dar resposta, ficou sendo uma referência no âmbito da pastoral e da teologia. E isso tem a ver diretamente com o aspecto pastoral, mas também doutrinário. Esses dois aspectos estão presentes tanto na primeira parte como na segunda parte do documento.[9]

A esse respeito, uma observação de Congar sobre o caráter do Vaticano II ajuda a compreender a conjugação dessas duas características da *GS*. Segundo ele:

> Observou-se que o que João XXIII designa por "pastoral" faz parte da doutrina, mas exprimindo-se na história, no tempo e no mundo atual. É verdade que algumas pessoas abusaram desse título para dizerem: já que é pastoral, ele não é

---

[7] O Vaticano II aconteceu em quatro sessões: 1ª Sessão: de 12/10 a 08/12/1962; 2ª Sessão: de 29/09 a 04/12 de 1963; 3ª Sessão: de 15/09 a 21/11/1964, e 4ª Sessão: 14/09 a 07/12 de 1965.
[8] McGrath, Marco G. Notas históricas sobre a Constituição Pastoral "Gaudium et Spes". In: Baraúna, Guilherme (Coord.). *A Igreja no mundo de hoje*. Petrópolis: Ed. Vozes, 1967, p. 139. Esse artigo apresenta detalhes da trajetória da GS no Vaticano II.
[9] Concílio Vaticano II. *Compêndio do Vaticano II*. Constituições, decretos, declarações. Introduções de Frei Boaventura Kloppemburg, OFM. 8 ed. Petrópolis: Ed. Vozes, 1968, p. 144, nota de rodapé número 1.

doutrinal. Isso é absolutamente falso: ele é doutrinal, mas doutrinal-pastoral, isto é, pertencente a uma doutrina que requer ser aplicada historicamente, que não é uma espécie de "terra de ninguém", entre céu e terra, um tipo de quadro absoluto, imutável, intocável.[10]

A *GS* expressa a *espinha dorsal* do Vaticano II, pois apresenta elementos teológicos que estão subjacentes aos demais documentos e uma continuidade com o pensamento de João XXIII que uma leitura, mesmo que superficial, pode revelar.

Uma leitura da Constituição Apostólica *Humanae Salutis* de Convocação do Concílio Vaticano II (*HS*) permite perceber uma sintonia entre esse documento e a *GS*. Nesse documento, João XXIII defende a participação da Igreja Católica na solução dos problemas modernos: "sentimos logo o urgente dever de conclamar nossos filhos para dar à Igreja a possibilidade de contribuir mais eficazmente na solução dos problemas da idade moderna".[11] Essa será a tônica da *GS*:

> ... o Concílio, testemunhando e expondo a fé de todo o povo de Deus congregado por Cristo, não pode demonstrar com maior eloquência sua solidariedade, respeito e amor para com toda a família humana à qual esse povo pertence, senão estabelecendo com ela um diálogo sobre aqueles vários problemas, iluminando-os à luz tirada do Evangelho... (GS 3).

---

[10] CONGAR, Yves-Marie. *Op. cit.*, p. 10.
[11] JOÃO XXIII. Constituição Apostólica *Humanae Salutis* (Convocação do Concílio Vaticano II), de 25 de dezembro de 1961. In: Documentos da Igreja. *Documentos de João XXIII*. São Paulo: Paulus, 1998, p. 254.

As citações de documentos pontifícios presentes na GS também apontam para essa sintonia. Nesse documento são feitas 67 citações de documentos pontifícios: 4 citações de Leão XIII; 6 citações de Paulo VI; 12 citações de Pio XI; 15 citações de Pio XII e 30 citações de João XXIII. O fato de João XXIII ter sido citado 30 vezes indica a influência do pensamento desse papa mesmo depois de sua morte e a afinidade entre a maior parte dos padres conciliares com seu pensamento. A GS é o maior documento do Vaticano II com mais de 28.000 palavras no texto em latim. O documento tem a seguinte estrutura:

> *Proêmio*
> *Introdução*
> *Parte I – A Igreja e a vocação do homem*
> *Preâmbulo*
> *Capítulo I – A dignidade da pessoa humana*
> *Capítulo II – A comunidade humana*
> *Capítulo III – Sentido da atividade humana no mundo*
> *Capítulo IV – Função da Igreja no mundo de hoje*
> *Parte II – Alguns problemas mais urgentes*
> *Preâmbulo*
> *Capítulo I – A promoção da dignidade do matrimonio e*
>   *da família*
> *Capítulo II – A conveniente promoção da cultura*
> *Capítulo III – Vida econômico-social*
> *Capítulo IV – A vida da comunidade política*
> *Capítulo V – A construção da paz e a promoção da*
>   *comunidade dos pobres*

De certa forma, o documento utiliza o método indutivo que começou a ser utilizado por João XXIII nos documentos pontifícios. Depois do Proêmio, a *GS,* na Introdução, procura apresentar, brevemente, a realidade da "condição do homem no mundo de hoje" (*GS* 4). Na *Parte I – A Igreja e a vocação do homem* são apresentados os elementos de discernimento oriundos do Evangelho e da tradição da Igreja Católica. Na *Parte II: Alguns problemas mais urgentes,* a *GS* examina aquilo que entende ser os problemas cruciais presentes no mundo atual, mas na perspectiva da ação tanto da Igreja Católica como da sociedade.

O Proêmio da *GS* apresenta ao leitor as grandes linhas que orientaram a elaboração do documento. É possível dizer que o Proêmio da *GS* ultrapassa esse próprio documento, pois contém, em síntese, o programa fundamental do Vaticano II. Ele sintetiza aquilo que é conhecido como o *espírito* conciliar que perpassa todos os documentos conciliares. Aqui está consignado o paradigma assumido pelo Vaticano II e que foi gestado na primeira metade do século XX pela ação individual e coletiva de católicos leigos, de teólogos e de membros da hierarquia católica que perceberam que a Igreja Católica precisava mudar sua autocompreensão e sua atuação no mundo.

Com isso pretende-se afirmar que as mudanças trazidas pelo Vaticano II são decorrência das mudanças propostas na *GS* para a relação Igreja-mundo e para a autocompreensão da Igreja Católica. Como diria o padre Chenu, a *GS* significou uma *virada copernicana,* pois "já não é o mundo que gira ao redor da Igreja, mãe e mestra, mas a Igreja que gira ao redor do mundo."[12]

---

[12] CHENU. Apud VELASCO. *Op. cit.,* p. 295.

As primeiras frases do Proêmio são emblemáticas:

> As alegrias e as esperanças, as tristezas e a angústias dos homens de hoje, sobretudo dos pobres e de todos os que sofrem, são também as alegrias e as esperanças, as tristezas e as angústias dos discípulos de Cristo. Não se encontra nada verdadeiramente humano que não lhes ressoe no coração (GS 1).

Esse texto não é só um programa de boas intenções, mas o reconhecimento da cumplicidade orgânica que a Igreja tem com todos os seres humanos e, sobretudo, com os pobres e com aqueles que sofrem.

O Vaticano II não teria melhores palavras do que essas para começar a apresentação das linhas gerais de seu programa. Por isso, vale a pena refletir sobre o Proêmio e seus principais aspectos:

– A Igreja Católica se sente solidária com a humanidade, sobretudo com sua grande maioria que vive na pobreza e que sofre. Aquilo que é próprio da condição humana e da sociedade humana, limitada, é também próprio daqueles que fazem parte da Igreja Católica e, em consequência, nada do que é humano pode ser estranho a esta.

– A Igreja Católica reconhece que não existem duas histórias: a da salvação e a do mundo. Há uma só história onde Deus se revela como vida a todas as pessoas. Por isso, a Igreja Católica está inserida na história e seu compromisso missionário realiza-se no interior da história humana com todos os dramas, conflitos e contradições que isso possa representar.

– A Igreja Católica reconhece a organicidade profunda que há entre Igreja e mundo e entre a comunidade cristã e a sociedade humana.

– Essa organicidade exige da Igreja Católica uma atitude dialógica para a resolução dos problemas humanos. A Igreja Católica abandona a posição defensiva que assumiu durante grande parte dos tempos modernos e assume uma posição de colaboradora na solução dos problemas:

> o Concílio, testemunhando e expondo a fé de todo o povo de Deus congregado por Cristo, não pode demonstrar com maior eloquência sua solidariedade, respeito e amor para com toda a família humana à qual esse povo pertence, senão estabelecendo com ela um diálogo sobre aqueles problemas, iluminando-os à luz tirada do Evangelho (GS 3a).

Se há certo otimismo no texto da *GS*, reflexo do espírito que animava os padres conciliares, também não falta ao documento a crítica necessária para compreender os limites e as contradições do mundo moderno, o que era naquele contexto um grande avanço:

> o mundo moderno se apresenta ao mesmo tempo poderoso e débil, capaz de realizar o ótimo e o péssimo, por quanto se lhe abre o caminho da liberdade ou da escravidão, do progresso ou do regresso, da fraternidade ou do ódio (GS 9).

Se o paradigma pré-Vaticano II afirmava que Igreja e mundo eram duas realidades completamente distintas, distantes e até mesmo antagônicas (Igreja x mundo), o novo paradigma afirma que a Igreja está no mundo numa atitude de diálogo com o mundo (Igreja <—> mundo).

Se no paradigma anterior a Igreja Católica colocava-se numa posição de superioridade esperando da humanidade reconhecimento de sua importância e de suas prerrogativas, agora no Vaticano II a atitude adotada é de serviço:

> guiada pelo Espírito Santo ela (a Igreja Católica) pretende somente uma coisa: continuar a obra do próprio Cristo, que veio ao mundo para dar testemunho da unidade para salvar e não para condenar, para servir e não para ser servido (GS 3b).

No entanto, havia entre os padres conciliares uma minoria que defendia, de forma intransigente, o paradigma pré-Vaticano II. A título de ilustração, um dos líderes dessa minoria, o brasileiro Dom Antônio de Castro Mayer, bispo de Campos, Rio de Janeiro, no Brasil, numa intervenção a respeito do Proêmio da GS, no dia 22 de outubro de 1964, na 107ª Congregação Geral da terceira sessão, chegou a declarar:

> Entre as verdades reveladas que se deve ter em conta no diálogo com o mundo, é preciso recordar a existência do demônio, como príncipe deste mundo, contra o qual se deve combater... (...) Assim agindo, o Concílio não evita o escândalo dos fiéis. Seria mais seguro se, pelo contrário, seguisse em tudo os documentos pontifícios. Seria mais pastoral se pusesse os fiéis em guarda contra as insídias do mal em todos os setores da vida.[13]

---

[13] KLOPPENBURG, Boaventura. *Op. cit.*, p. 216.

Uma das expressões utilizadas por dom Castro Mayer sintetiza, muito bem, a imagem da Igreja Católica presente no paradigma pré-Vaticano II sobre as relações Igreja e mundo: a Igreja Católica era uma *Igreja em guarda* contra o mal presente no mundo.

Numa direção oposta, o texto da GS consignou a percepção da grande maioria dos padres conciliares: de que a Igreja Católica precisava assumir uma posição mais positiva diante do mundo e das mudanças provocadas pela modernidade em contraposição àquela minoria conciliar conservadora.[14] A Igreja que "desabrochava" do Vaticano II, e que a GS defendia claramente, era uma Igreja que se colocava numa atitude de abertura e de diálogo com o mundo, abandonando a posição defensiva e maniqueísta que, durante muito tempo, orientou suas relações com o mesmo. Era uma Igreja que proclamava a "vocação altíssima do homem, afirmando existir nele uma semente divina" e que "oferece ao gênero humano a colaboração sincera da Igreja para o estabelecimento de uma fraternidade universal que corresponda a essa vocação", para continuar a "obra do próprio Cristo que veio ao mundo para dar testemunho da verdade, para salvar e não para condenar, para servir e não para ser servido" (GS 3b).

Enfim, a Igreja do Vaticano II era uma Igreja disposta a levar adiante o compromisso com a humanidade na direção de uma sociedade mais justa e solidária.

---

[14] ALBERIGO, Giuseppe (dir.). *História do Concílio Vaticano II*. Vol. 2. A formação da consciência conciliar. O primeiro período e a primeira intersessão (outubro de 1962 a setembro de 1963), p. 249.

2. As imagens da cidade na *Gaudium et Spes*

A palavra *cidade* isoladamente é citada na GS cinco vezes. As expressões cidade celestial e cidade terrestre são citadas oito vezes. É importante ressaltar, no entanto, que outras palavras e expressões revelam a existência da realidade da cidade na GS.

Um rápido levantamento revela que a expressão *cidadãos* é citada 31 vezes; a expressão *civilização* é citada seis vezes; as expressões *industria/industrialização* são citadas cinco vezes; a expressão *urbanização* é citada duas vezes e a expressão *vida urbana* duas vezes.

Um quadro a seguir permite visualizar o conjunto das citações de acordo com os parágrafos:

Quadro de palavra/expressões, incidências e localização na GS

Palavras/expressões	Incidências	Números
Cidade	5 ×	6, 14, 43, 80, 87
Cidade celestial	1 ×	43
Cidade terrestre, cidade dos homens e cidade permanente	7 ×	14, 20, 40 (2x), 43, (2x) e 76
Cidadãos	31x	31 (2x), 43 (2x), 63, 65, 66, 67, 69, 73 (3x), 74 (5x), 75 (9x), 76 (2x), 84, 85, 86,
Civilização/moderna	6 ×	6, 9, 19, 27, 45, 53 e 58
Indústria/industrialização	5 ×	6, 54, 63, 64, 66
Urbanização	2 ×	6, 54
Vida urbana	2 ×	6

A introdução da GS apresenta aquilo que o documento denomina de "condição do homem no mundo de hoje", que vai dos números 4 ao 10. Nesta parte, a GS afirma, usando a expressão sinais dos tempos, que para ser fiel a sua missão a Igreja precisa, a todo instante, "perscrutar os sinais dos tempos e interpretá-los à luz do Evangelho" (GS 4a).

Para que investigar os sinais dos tempos? Para "conhecer e entender o mundo no qual vivemos, suas esperanças, suas aspirações e sua índole frequentemente dramática" (GS 4a).

O Vaticano II, ao usar a expressão sinais dos tempos, quis ressaltar que "existe a história, que a Igreja está na história, que os tempos da cristandade já passaram e que a Igreja deve abrir-se para a modernidade".[15]

A GS reconhece que estava em curso um conjunto de "mudanças profundas e rápidas" (GS 4b) que atingiam toda a vida social. O documento identifica, corretamente, a existência de uma "verdadeira transformação social e cultural, que repercute na própria vida religiosa" (GS 4b).

Essa situação de rápida transformação social, que é própria dos desdobramentos da modernidade, ao mesmo tempo em que gera uma crise existencial, que o documento denomina de perturbação, gera também uma transformação generalizada de toda a vida (GS 5a). É um processo amplo de rupturas, de mudanças drásticas, que, ao mesmo tempo em que revela que as estruturas antigas estão ultrapassadas, impõe novas estruturas sociais, novas formas de organiza-

---

[15] COMBLIN, José. Os sinais dos tempos. In: CONCILIUM. *Revista Internacional de Teologia* 312 – 2005/4. Petrópolis: Ed. Vozes, 2005, p. 101.

ção espacial da existência humana e novas visões a respeito da vida.

Os padres conciliares apontam para a grande mudança de paradigma presente na modernidade: "a humanidade passa de uma noção mais estática da ordem das coisas para uma concepção mais dinâmica e evolutiva" (*GS* 5c).

O paradigma moderno está baseado na mudança, na evolução, enfim, na ideia de progresso, enquanto que o paradigma pré-moderno estava baseado numa concepção estagnada do mundo.

A seguir são apresentadas quatro imagens da cidade presentes na *GS*: a *cidade celestial e a cidade terrena; a vida urbana; a cidade como lugar de anonimato e os cidadãos, moradores da cidade*.

2.1. A cidade celestial e a cidade terrena

A dicotomia cidade de Deus[16] x cidade terrestre presente na obra Cidade de Deus, de Agostinho, teve grande influência na tradição católica posterior, sobretudo na forma como a Igreja Católica construiu suas relações com o mundo, tanto na cristandade medieval como na modernidade. Uma frase célebre de Agostinho está na raiz dessa dicotomia: "Dois amores fizeram duas cidades: o amor de si até o desprezo de Deus produziu a cidade terrestre, o amor de Deus até o desprezo de si, produziu a cidade celeste".[17]

Assim, uma visão positiva sobre a cidade celeste, frequentemente identificada com a Igreja Católica, e uma visão negativa sobre a

---
[16] A GS prefere a expressão cidade celestial à de cidade de Deus.
[17] AGOSTINHO. *A cidade de Deus*, XIV, 28.

cidade terrestre, acabaram determinando uma rejeição das atividades no mundo como atividades essencialmente más, exceto naquelas "ilhas" onde a cidade celeste já era antecipada, os conventos e mosteiros, onde dentro dessa concepção, era possível viver um estado de perfeição considerado a plenitude da vida cristã.

Não nos interessa aqui o longo debate em torno do referencial teológico construído por Agostinho. Interessa-nos, sim, perceber como o Vaticano II utiliza as duas categorias cidade celeste – cidade terrestre que são originárias do pensamento daquele autor.

A *GS* utiliza poucas vezes conjuntamente as expressões cidade terrena/cidade celeste e isso acontece nos números 40, 43, 57 e 73. No entanto, é importante examinar, brevemente, como essas expressões aparecem no documento.

O número 40, dentro do Capítulo IV, da Parte I, apresenta a *Relação mútua entre a Igreja e o mundo*, é o número da *GS* que utiliza mais claramente as duas expressões cidade terrena e cidade celeste.

Inicialmente, o documento coloca o que o Vaticano II considera como fundamento das relações e do diálogo entre a Igreja e o mundo:

> Tudo o que temos dito sobre a dignidade da pessoa humana, sobre a comunidade dos homens e sobre o significado último da atividade humana, constitui o fundamento das relações entre a Igreja e o mundo e também a base de seu diálogo mútuo. Por isso, neste capítulo, pressupondo tudo o que já foi publicado por este Concílio sobre o mistério da Igreja, a mesma Igreja vai ser considerada agora enquanto ela existe neste mundo e com ele vive e age (GS 40a).

Em fidelidade ao espírito do Vaticano II, a *GS* não recorre a afirmações dogmáticas para estabelecer a relação entre a Igreja e o mundo. Utilizando-se de uma teologia ascendente, os padres conciliares afirmam que os critérios que a Igreja Católica deve utilizar para orientar suas relações com o mundo têm como *fundamento* aquilo que diz respeito à dignidade humana, à comunidade dos homens/mulheres e ao significado da atividade humana e que foram apresentados nos três capítulos anteriores da Parte I. E esse parágrafo conclui que a Igreja será considerada enquanto realidade que "existe neste mundo e com ele vive e age" (*GS* 40a).

Corajosamente, o documento assume a realidade humana e o olhar do Vaticano II como ponto de partida para compreender a atuação da Igreja Católica e as relações da mesma com o mundo.

Essa posição expressa na *GS* é importante para compreender as demais ideias que estão presentes no número 40. Em outros termos, o texto repete aquilo que está presente no número 1: há uma cumplicidade entre a Igreja Católica e o mundo justamente porque ela é formada por pessoas humanas que compõem a cidade terrestre já que

> a Igreja se manifesta ao mesmo tempo como "assembleia visível e comunidade espiritual" e caminha juntamente com a humanidade inteira. Experimenta com o mundo a mesma sorte terrena; é como que o fermento e a alma da sociedade humana a ser renovada em Cristo e transformada na família de Deus" (GS 40b).

O destino do mundo, desta forma, é o mesmo destino da Igreja Católica, pois seus membros estão no mundo e vivem o desafio de torná-lo mais humano e solidário.

Mas o elemento mais importante no número 40 está no terceiro parágrafo: há uma *compenetração* da cidade terrestre com a cidade celeste:

> Esta compenetração da cidade terrestre e celeste não pode ser percebida senão pela fé; bem mais, permanece o mistério da história humana, que é perturbada pelo pecado até a revelação plena da claridade dos filhos de Deus (GS 40c).

Com a palavra *compenetração* o Vaticano II rejeitou toda forma de contraposição ou de justaposição entre essas duas realidades. Ao contrário, no espírito conciliar a cidade celeste e a cidade terrena interpenetram-se, articulam-se em vista do bem comum e não são duas realidades antagônicas.

Além disso, o texto da GS afirma que a Igreja Católica

> pode receber preciosa e diversificada ajuda do mundo, não só dos homens em particular, mas também da sociedade, dos seus dotes e atividades, na preparação do Evangelho (GS 40d).

A Igreja Católica coloca-se numa atitude de humildade que a leva a aprender da sociedade aquilo que pode enriquecê-la. É uma atitude contraposta àquela anterior de condenação e de rejeição.

No número 43 aparecem subtendidas as duas expressões cidade celeste e cidade terrestre:

> O Concílio exorta os cristãos, cidadãos de uma e outra cidade, a procurarem desempenhar fielmente suas tarefas terrestres, guiados pelo espírito do Evangelho. Afastam-se da verdade os que, sabendo não termos aqui cidade permanente, mas buscamos a futura, julgam, por conseguinte, poderem

> negligenciar os seus deveres terrestres, sem perceberem que estão mais obrigados a cumpri-los, por causa da própria fé, de acordo com a vocação à qual cada um foi chamado. Não erram menos aqueles que, ao contrário, pensam que podem entregar-se de tal maneira às atividades terrestres, como se elas fossem absolutamente alheias à vida religiosa, julgando que esta consiste somente nos atos do culto e no cumprimento de alguns deveres morais (GS 43a).

Nesse parágrafo, a tônica otimista é a mesma observada no número 40. Há, entretanto, neste momento do texto três afirmações importantes. Em primeiro lugar, o Vaticano II exorta os cristãos a cumprirem suas tarefas no mundo à luz do Evangelho. Em segundo lugar, o texto adverte aqueles que afirmam que os cristãos podem negligenciar as atividades no mundo. Os cristãos, por causa da cidade celeste, não podem renunciar ao dever de contribuir com a construção da cidade terrestre. Em terceiro lugar, a GS adverte também aqueles cristãos que pensam dedicar-se às atividades no mundo esquecendo-se da vida religiosa.

Ao mesmo tempo em que o Vaticano II afirma que atuar no mundo é uma forma de viver a vocação e a fé cristãs, defende a necessidade de um equilíbrio entre atividades no mundo e vida religiosa.[18] E a GS ainda alerta para um dos graves erros de nosso tempo: "o divórcio entre a fé professada e a vida cotidiana" (43).

Essa questão é muito atual no cristianismo: a necessidade de equilíbrio entre fé e vida, entre religião e atividades no mundo, entre vida religiosa e engajamento social. São "duas faces da

---

[18] No âmbito da teologia protestante, nessa época, encontramos também uma reflexão que procurava encarar a cidade de forma positiva. Um exemplo disso é o livro *A cidade do homem*, de Harvey Cox, publicada no ano 1965.

mesma moeda" e se os cristãos quiserem ser fiéis a sua vocação batismal precisam articular sabiamente essas duas dimensões inerentes à fé cristã.

No número 57 a expressão cidade celeste aparece explicitamente e a expressão cidade terrestre aparece implicitamente. O contexto é da 2ª Seção, do capítulo *A promoção da cultura*, na segunda parte do documento, que trata da relação entre fé e cultura. Novamente, o tema do engajamento no mundo:

> Os cristãos, peregrinando para a cidade celeste, devem procurar e saborear as coisas do alto. Isto, contudo, longe de diminuir, antes aumenta a importância da missão que eles têm de desempenhar juntamente com todos os homens na construção de um mundo mais humano. E, na verdade, o mistério da fé cristã lhes oferece valiosos impulsos e auxílios para cumprir mais cuidadosamente aquela missão e descobrir a significação profunda deste trabalho, pelo qual a cultura obtém o seu lugar exímio na vocação integral do homem (GS 57).[19]

O primeiro período do parágrafo é uma introdução breve e refere-se à cidade celeste. Mas, no segundo período, os padres conciliares inseriram um "contudo". E essa inserção é fundamental para compreender o que vem a seguir. Se o objetivo último da vida dos cristãos, segundo o Vaticano II, é a cidade celeste, esse objetivo reforça a importância do engajamento dos mesmos "com todos os homens na construção de um mundo mais humano". Ou seja, o engajamento é colocado como exigência decorrente

---

[19] O Vaticano II, de certa forma, reconhece a centralidade das culturas para a compreensão da Igreja Católica sobre o mundo (GS 44b).

do objetivo último que é a cidade celeste. E o texto acrescenta que a fé cristã impulsiona os cristãos a exercerem sua missão no mundo e a descobrirem o significado de seu engajamento.

O último número da *GS* a fazer referência à expressão cidade terrestre é o 76 que trata das relações entre a Comunidade Política e a Igreja.

A expressão cidade terrestre aparece no final do quarto parágrafo desse número, quando o documento fala do exercício do ministério dos bispos e seus *cooperadores* que se dedicam ao ministério da Palavra de Deus:

> Todos aqueles que se dedicam ao ministério da Palavra de Deus, é preciso que lancem mão de caminhos próprios ao Evangelho, que diferem em muitos pontos dos da cidade terrestre (GS 76d).

Embora o documento faça uma distinção entre os *caminhos próprios do Evangelho* e os caminhos próprios da cidade terrestre, não faz um julgamento de valor sobre esses últimos. Ou seja, os caminhos do Evangelho – e da cidade de Deus – são diferentes dos caminhos da cidade terrestre, mas não se opõem e, por isso, não são antagônicos.

Mas é o parágrafo cinco desse número que, ao falar dos bens temporais, traz um elemento que reforça essa análise:

> Na verdade, as coisas terrenas e aquelas que na condição dos homens transcendem este mundo, unem-se estreitamente, e a mesma Igreja usa os bens temporais à medida que sua própria missão o exige (GS 76e).

No espírito de valorização das realidades terrestres, a *GS* afirma existir uma unidade entre as *coisas terrenas* e as coisas que *transcendem este mundo*. Em outras palavras, o Vaticano II afirma que há uma unidade-continuidade entre mundo e reino de Deus. Não são duas realidades distintas, duas histórias paralelas. As duas realidades se entrelaçam, pois "o Reino de Deus está no meio de vós" (Lc 17,21).

Essa posição do Vaticano II é paradigmática e vai gerar mudanças importantes na prática da Igreja Católica e dos próprios católicos. A *GS* em coerência com o paradigma adotado pelo Vaticano II procura superar a dicotomia entre a cidade celeste (ou de Deus) e a cidade terrestre.

Por isso, embora o Vaticano II afirme a cidade celeste como ideal de vida, ele afirma também que a cidade celeste se entrelaça com a realidade deste mundo e dá significado a esta última.

2.2. A vida urbana

A *GS* apresenta na *Introdução: A condição do homem no mundo de hoje* as diversas faces do processo de transformação social e cultural presentes no mundo moderno: são mudanças sociais (n. 6), psicológicas, morais e religiosas (n. 7).

O número 6 é aquilo que se pode chamar de porta de entrada para a questão da cidade na *GS*. Ao mesmo tempo em que esse número é o primeiro a tratar da questão da cidade, ele apresenta os principais elementos para compreender a problemática urbana.

No que diz respeito a essas mudanças, a *GS* apresenta dois eixos que trouxeram impactos importantes nas sociedades, inclusive para as comunidades tradicionais: o processo de industrialização e a civilização urbana. A esse respeito, diz o documento:

> Difunde-se pouco a pouco uma sociedade de tipo industrial, conduzindo algumas nações à riqueza econômica e transformando profundamente as concepções e condições de vida social estabelecidas desde séculos. Cresce paralelamente a civilização urbana, não só pela multiplicação das cidades e de seus habitantes, mas também pela expansão do modo de vida urbana às zonas rurais (GS 6b).

Esse parágrafo apresenta dois aspectos que nos interessam. Em primeiro lugar, há a constatação de que a difusão da sociedade industrial é uma marca das mudanças que afetaram todas as esferas da vida social. O avanço do processo de industrialização alterou as formas tradicionais de organização da sociedade e de relações interpessoais.

A industrialização trouxe à sociedade ocidental o desenvolvimento acelerado das forças produtivas e uma nova divisão social do trabalho e, gradativamente, foi eliminando as formas antigas de produção.[20] E os centros urbanos tornaram-se locais de desenvolvimento do processo de industrialização; em certo sentido, a cidade foi – e ainda é – o espaço da indústria.

Um segundo aspecto das mudanças é a vida urbana. A vida urbana é apresentada como decorrência tanto da multiplicação das cidades, como também da expansão do estilo de vida urbana para as áreas rurais. Há um novo modo de vida fundamentado no urbano que se torna o eixo da vida social e que ul-

---
[20] SINGER, Paul. *Op. cit.*, p. 30.

trapassa as cidades.[21] A civilização urbana é sua pedra de toque. O urbanismo é, assim, não só um novo modo de pensar e de agir, mas é também um novo modo de ser caracterizado pela novidade e pela mudança.[22]

E, timidamente, a GS aponta uma das consequências do processo de industrialização no ocidente: de um lado, as vantagens obtidas nesse processo pelos países desenvolvidos e, de outro lado, o interesse dos países em vias de desenvolvimento de atingir o patamar dos países ricos. É o mito do desenvolvimento capitalista que atraiu – e ainda atrai – muitos povos convencidos de que a saída para garantir melhores condições de vida para suas populações está, justamente, no desenvolvimento:

> Esta evolução, contudo, manifesta-se mais claramente nas nações que já se beneficiam das vantagens do progresso econômico e técnico. Contudo atua também junto aos povos em via de desenvolvimento que aspiram obter para suas regiões os benefícios da industrialização. Esses povos, sobretudo se ligados a tradições mais antigas, experimentam ao mesmo tempo a necessidade de exercer sua liberdade de modo mais adulto e pessoal (GS 6f).

Como é possível observar, o documento aponta o desafio que está colocado para esses povos: manter suas tradições e sua autonomia e, ao mesmo tempo, aplicar os ditames do desenvolvimento econômico. Esse desafio nem sempre é facilmente enfrentado. A dependência econômica dos países pobres em relação aos países centrais impõe aos primeiros condições bas-

---

[21] ANDERSON, Nels. *Op. cit.*, p. 15.
[22] Ibid., p. 16.

tante desvantajosas como a própria *GS* reconhece: "Contudo cada dia aumenta mais sua distância e muitas vezes ao mesmo tempo sua dependência também econômica de outras nações mais ricas e em progresso mais rápido" (*GS* 9b).

A *GS* reconhece que a industrialização e a urbanização estão entre as causas que promovem a vida comunitária nas cidades e, também, uma nova cultura, a cultura de massa:

> A industrialização, a urbanização e outras causas que promovem a vida comunitária, criam novas formas de cultura (cultura de massa), das quais surgem maneiras novas de sentir, de agir e de utilizar o tempo livre (GS 54).

Como é possível perceber, a *GS* reconhece o valor positivo da vida urbana ao gerar outros tipos de vida comunitária na cidade.

A vida na cidade estabelece outras formas de vida comunitária diferentes da vida comunitária própria das áreas rurais. No mundo rural, a vida comunitária é baseada nas relações informais e de proximidade entre as pessoas e entre as pessoas e o meio ambiente. No mundo urbano, no entanto, as relações são informais e de distanciamento.

A vida urbana gera, em outras palavras, um novo tipo de convivência, mas não elimina a necessidade que as pessoas têm de vida comunitária.

Segundo a *GS* há no ser humano mais do que uma necessidade de vida comunitária; há uma índole comunitária:

> Desde o início da história da salvação Deus escolheu os homens não como indivíduos somente, mas membros de uma comunidade. Revelando seu plano, Deus chamou estes eleitos

de "Seu povo" (Êx 3,7-12). (...) Esta índole comunitária por obra de Jesus Cristo é aperfeiçoada e consumada (GS 32).

2.3. A cidade como lugar de anonimato

A cidade moderna é o lugar da multidão,[23] é o lugar do anonimato e onde a identidade pessoal corre o risco de ser diluída.

A referência da GS ao anonimato como uma característica da cidade moderna é muito breve. E essa referência aparece no número 14 quando a GS trata da "constituição do homem":

> O homem na verdade não se engana quando se reconhece superior aos elementos materiais e não se considera somente uma partícula da natureza ou um elemento anônimo da cidade humana. Com efeito, por sua vida interior, o homem excede a universalidade das coisas (GS 14).

Na cidade moderna, espaço da instauração da sociedade de massa, fora das relações informais e de proximidade, próprias do mundo rural, a pessoa humana se vê perdida na multidão.[24] Ela não tem nome, não tem rosto e é considerada parte da multidão. A sociedade de massa é a sociedade do anonimato, é a sociedade onde a pessoa humana se vê perdida na multidão.

Mas a pessoa humana tem uma particularidade que não se submete a reducionismos. Ela é uma realidade complexa e multifacetária, e não pode ser reduzida a definições, nem a uma simples identidade numérica. A pessoa humana tem nome, uma

---
[23] Ibid., p. 15.
[24] Utilizamos aqui a expressão pessoa humana embora a GS utilize diversas vezes a expressão homem.

família enraizada numa cultura, e por isso não pode ser reduzida a um elemento anônimo perdido nas cidades.

É por isso que a pessoa humana constantemente questiona o anonimato, pois este tende a diluí-la na multidão, torná-la solitária e a transformá-la em objeto. Ela é subjetividade e resiste à diluição na multidão.[25]

Desta forma, há na *GS* uma crítica implícita ao anonimato em virtude da forma como esse documento vê a pessoa humana como um ser solidário e não solitário: "Deus não criou o homem solitário. (...) O homem é, com efeito, por sua natureza íntima, um ser social. Sem relações com os outros, não pode nem viver nem desenvolver dotes" (*GS* 12d).

Mesmo sendo a cidade lugar do anonimato, dentro dela existirão outras formas de vida comunitária que visam justamente atenuar o peso da vida numa sociedade caracterizada pelas grandes estruturas sociais. Como já ressaltado, a *GS* admite que a vida na cidade gera formas diferentes de vida comunitária que são tentativas de romper o anonimato e de criar espaços para a vivência da identidade pessoal. Isto está baseado no fato de que a pessoa humana precisa de espaços de proximidade pessoal para viver.

Na "sociedade do anonimato" a pessoa humana torna-se secundária em relação aos objetos produzidos e pela cultura. O anonimato não é só uma decorrência da aglomeração na cidade, mas um ingrediente típico da cultura urbana. É por isso que a *GS* vai insistir na centralidade da pessoa humana.

---

[25] Arduini, Juvenal. *Antropologia*. Ousar para reinventar a humanidade. São Paulo: Paulus, 2002, p. 24.

Compreende-se, então, que permeia toda a GS uma antropologia que defende que a pessoa humana é o centro do mundo: "todas as coisas existentes na terra são ordenadas ao homem como a seu centro e ponto culminante" (GS 12a). Por isso, a GS chega a dizer no Proêmio que a pessoa humana será o eixo de sua argumentação:

> É a pessoa humana que deve ser salva. É a sociedade humana que deve ser renovada. É, portanto, o homem considerado em sua unidade e totalidade, corpo e alma, coração e consciência, inteligência e vontade, que será o eixo de toda a nossa explanação (GS 3a).

E o fundamento dessa centralidade, para os padres conciliares, está no fato de que na pessoa humana há uma "semente divina":

> proclamando a vocação altíssima do homem e afirmando existir nele uma semente divina, o Sacrossanto Concílio oferece ao gênero humano a colaboração sincera da Igreja para o estabelecimento de uma fraternidade universal que corresponda a esta vocação universal (GS 3b).

Finalmente, a GS defende a necessidade de a pessoa humana ser sujeito de toda a vida na sociedade: "A pessoa humana é e deve ser o princípio, sujeito e fim de todas as instituições sociais, porque, por sua natureza, necessita absolutamente da vida social" (GS 25).

Afirmar que a pessoa humana é sujeito é o mesmo que rejeitar o anonimato e afirmar a centralidade da mesma e sua liberdade diante das várias estruturas sociais:

As instituições humanas, particulares ou públicas, esforcem-se por servir à dignidade e ao fim do homem. Ao mesmo tempo lutem denodamente contra qualquer espécie de servidão tanto social quanto política... (GS 29c)

2.4. Os cidadãos, habitantes da cidade

A cidade é lugar de moradia, de trabalho, de lazer e também de poder. É a dimensão do poder que dá à cidade a condição de lugar do exercício da cidadania.

As relações de poder, conflituosas ou não, que se estruturam na cidade, exigem como contrapartida mecanismos de participação para que a cidade não seja apenas lugar daqueles que detêm o poder econômico e o poder político. Para isso, a cidadania é um exercício fundamental para fazer com que o espaço urbano seja menos árido e mais propício à convivência.

Na GS existem trinta e uma referências ao tema da cidadania. Utilizamos, aqui, aquelas referências que são mais importantes para perceber como o Vaticano II trata o tema da cidadania.

No capítulo II: *A Comunidade Humana*, da Parte I, a GS dedica um número específico – o 31 – para tratar da *Responsabilidade e Participação*. Nesse número, dá-se a primeira referência explícita da GS ao tema da cidadania e àquilo que o Vaticano II entende por cidadania. São três parágrafos dedicados ao tema.

Como o próprio título do número indica, o tema da cidadania é tratado sob a ótica da responsabilidade e da cidadania.

Inicialmente, a GS fala da importância da educação na formação das pessoas para o cumprimento de suas responsabilidades com os diversos grupos nos quais estão presentes:

> Para que cada indivíduo cumpra com mais solicitude o seu dever de consciência, tanto para consigo mesmo quanto para com os diversos grupos dos quais é membro, deve ser educado com diligência para uma cultura mais vasta do espírito... (GS 31a).

Mas não basta exigir a formação para a responsabilidade; é necessário garantir condições para que a dignidade humana seja respeitada e para isso o exercício da liberdade é fundamental:

> Mas o homem chega dificilmente a este sentido de responsabilidade se as condições não lhe permitirem tomar consciência de sua dignidade e corresponder à sua vocação dedicando-se a Deus e aos outros. A liberdade humana estiola-se muitas vezes quando o homem cai em miséria extrema, assim como se degrada quando, complacente com as excessivas facilidades da vida, se fecha numa espécie de torre de marfim. O homem se fortalece, ao contrário, quando compreende as inevitáveis necessidades da vida social, assume as exigências multiformes da solidariedade humana e se responsabiliza pelo serviço à comunidade humana (GS 31b).

Cabe destacar os principais aspectos desse parágrafo. Em primeiro lugar, o documento afirma que, para que a pessoa possa assumir a responsabilidade com os diversos grupos onde vive, a sociedade precisa oferecer condições para que a dignidade humana seja respeitada.

Dois obstáculos são apontados pela GS para a vivência da liberdade como expressão da dignidade humana: o primeiro é a própria miséria e o segundo é, ao contrário desta, a própria opulência que leva as pessoas a viverem "isoladas" do mundo.

Desta forma, o parágrafo nos apresenta duas condições objetivas que impedem o exercício da responsabilidade social e que levam as pessoas a não viverem a exigência de responsabilidade e de solidariedade com a sociedade.

O terceiro parágrafo, no entanto, contém duas referências explícitas ao tema da cidadania e apresenta os aspectos que, no entendimento dos padres conciliares, são fundamentais para o exercício da cidadania:

> Por isso deve ser estimulada a vontade de todos de participar das iniciativas comunitárias. Deve-se louvar também a maneira de proceder daquelas nações onde a maior parte dos cidadãos, com autêntica liberdade, participa da vida pública. Deve-se levar em conta, contudo, a condição concreta de cada povo e do necessário vigor da autoridade pública. Mas para que todos os cidadãos estejam dispostos a participar da vida dos diversos grupos, dos quais conta o corpo social, é necessário que encontrem nestes grupos os bens que os atraiam e os disponham para o serviço dos seus semelhantes (GS 31c).

A *GS* elogia aqueles países onde existem condições objetivas para que as pessoas possam participar com liberdade da vida pública. E para que as pessoas exercitem a cidadania e tenham disposição para participar é necessário que a sociedade possibilite os bens necessários para a vida social.

O número 43, já examinado anteriormente, faz duas referências à palavra cidadão. No primeiro parágrafo desse número há uma exortação para que os cristãos vivam sua cidadania – da cidade celeste e da cidade terrena – exercendo com fidelidade suas *tare-*

fas terrestres: "O Vaticano II exorta os cristãos, cidadãos de uma e de outra cidade, a procurarem desempenhar fielmente suas tarefas terrestres, guiados pelo espírito do Evangelho" (GS 43a).

O segundo parágrafo reafirma que as atividades terrestres – *profissões* e *atividades seculares* – são próprias dos leigos, embora não com exclusividade, e que os mesmos no exercício dessas atividades devem observar tanto a autonomia das mesmas, como também a exigência de competência para o exercício dessas atividades:

> As profissões e atividades seculares competem propriamente aos leigos, ainda que não de modo exclusivo. Portanto, quando agem como cidadãos do mundo, particular ou associativamente, observarão não só as leis próprias de cada disciplina, mas procurarão adquirir competência verdadeira naqueles campos. Irão cooperar, de bom grado, com os homens que buscam os mesmos objetivos (GS 43b).

O número 73, ao tratar d'*A Vida Pública Atual*, afirma que o respeito aos *direitos e deveres de todos* é fundamental para o exercício da cidadania. Dentro do espírito conciliar, como já foi lembrado antes, o respeito à dignidade humana – e a todos os direitos humanos decorrentes – é pressuposto básico para que haja cidadania.

O número 75 apresenta em seus seis parágrafos nove citações da palavra cidadãos. Esse número começa referindo-se à necessidade de *estruturas jurídicas e políticas* para que os cidadãos possam exercer livremente a cidadania, participando tanto da elaboração dos pressupostos que fundamentam a estrutura política da sociedade, como também na gestão política da sociedade, inclusive através do voto, e da delimitação do campo de ação e dos objetivos das várias instituições:

> É plenamente consentâneo com a natureza humana que se encontrem estruturas jurídico-políticas que ofereçam sempre melhor e sem nenhuma discriminação a todos os cidadãos a possibilidade efetiva de participar livre e ativamente, tanto no estabelecimento dos fundamentos jurídicos da comunidade política, como na gestão dos negócios públicos, na determinação do campo de ação e dos fins das várias instituições, como na eleição dos governantes (GS 75a).

É importante observar que a GS apresenta uma concepção de cidadania bastante ampla e que vai muito além da simples participação política em momentos previamente determinados como nas eleições. A concepção de cidadania apresentada pela GS nos faz pensar num outro modelo de cidadania muito mais complexo, que vai desde a definição dos fundamentos teóricos das estruturas jurídicas e políticas até o processo complexo de tomada de decisões políticas.

Os demais parágrafos apresentam o desdobramento da noção de cidadania que está subjacente ao primeiro: a necessidade de estruturas jurídicas e políticas que possibilitem a vivência da cidadania; a necessidade da eventual intervenção da autoridade pública nas questões sociais e econômicas; o cultivo do amor à pátria como exigência da cidadania; o respeito às diferentes posições políticas legítimas e a exigência de educação política dos cidadãos, sobretudo daqueles mais jovens.

Desta forma, segundo a *GS* a vida na cidade para ser mais humana precisa ser mais cidadã. A *GS* procura construir, dentro dos limites de um documento eclesiástico, um esboço de um *estatuto da cidadania*. E esse esboço pode ser encontrado nos números 31, 43, 73 e 75, examinados neste item.

3. A cidade como *locus theologicus*

A cidade é muito mais que um espaço específico onde se dão relações sociais determinadas ao redor das condições concretas de produção da vida. A cidade é também lugar onde acontecem práticas sociais caracterizadas pela cultura urbana.

Compreendida desta forma, a cidade traz para a teologia questões teóricas e práticas muito específicas, diferentemente da área rural. Por isso, o olhar teológico sobre a cidade exige uma sensibilidade diferente do olhar teológico sobre o mundo rural. Esse olhar teológico específico provoca a Igreja Católica a elaborar uma teologia da cidade.

Uma teologia desse tipo só pode ser pensada a partir do pressuposto de que a cidade pode ser um *locus theologicus*.

Melchior Cano (1509-1560), teólogo dominicano, foi quem primeiro utilizou o conceito *locus theologicus* com a finalidade de expressar "pontos de vista e critérios mais gerais na epistemologia e metodologia teológicas".[26] Para ele, esses lugares, a partir dos quais se devia fazer teologia, eram as autoridades e fontes

---

[26] LIBANIO, João Batista; MURAD, Afonso. *Introdução à teologia*. Perfil, enfoques, tarefas. São Paulo: Loyola, 1996, p. 34.

principais: Escritura, santos padres, concílios e teólogos importantes. Como lembram Libanio e Murad, com a modernidade, a noção de *locus theologicus* passou a ser utilizada com um sentido diferente: a experiência humana como produção de sentido e, portanto, como uma realidade teologizável.[27]

Para C. Boff a vida das pessoas e das comunidades eclesiais constitui um verdadeiro *locus theologicus* de segunda ordem, já que a Palavra de Deus é o de primeira ordem.[28]

As práticas efetivadas pelas pessoas, crentes ou não, e pelas comunidades cristãs ou não, em meio às diversas práticas realizadas nos diferentes contextos onde se encontram, podem ser ponto de partida para a reflexão teológica. Em outras palavras, as práticas podem ser teologizadas, podem ser objeto e, ao mesmo tempo, lugar a partir de onde a teologia busca construir sentido para sua reflexão.

Quando a teologia coloca essas práticas como seu objeto e como ponto de partida, ela precisa: a) num primeiro momento, aguçar uma sensibilidade especial para compreender essas práticas e os significados que os cristãos dão a elas e b) num segundo momento, elaborar o sentido teológico desses *locus theologicus*.

Por isso, a prática tem um papel muito importante na elaboração teológica, pois ela é a efetivação do compromisso cristão. De certa forma, como afirma C. Boff, a prática é a fonte da teologia.[29] Depois de examinar as diversas funções da prática na teologia, esse autor afirma que a prática pode ser fonte da teologia em quatro sentidos:

---

[27] Ibid.
[28] BOFF, Clodovis. *Teoria do método teológico*. 2 ed. revista. Petrópolis: Editora Vozes, 1999, p. 162.
[29] Ibid; p. 157.

1. Como princípio cognitivo. (...) 2. Como princípio material. No sentido de que a prática oferece à teologia material sobre o qual a luz da fé vai se exercer. E concretamente quando a teologia trata da vida, da história, dos "sinais dos tempos", interpretando naturalmente tudo isso "à luz da fé". 3. Como princípio temporal. É no sentido de ordem cronológica: que a prática da fé vem antes da prática da teologia. 4. Como princípio prático (pastoral, didático ou pedagógico). É quando, no curso da construção teológica, a prática ocupa o primeiro momento da reflexão... 5. Como princípio motivacional à medida que a prática move reflexão teológica.[30]

Desses quatro sentidos da prática para a teologia, três nos interessam sobremaneira: o princípio cognitivo, o princípio material e o princípio prático.

A consideração da cidade como *locus theologicus* leva em conta, em primeiro lugar, a realidade da cidade como uma realidade autônoma, que é um desafio para as comunidades cristãs e para os cristãos, e, em segundo lugar, como lugar onde se desenvolvem práticas sociais que, no caso dos cristãos, são realizadas inspiradas pela fé cristã.

Quando se considera a cidade como lugar de práticas sociais – e que no caso dos cristãos são também práticas de fé –, os três princípios acima escolhidos podem iluminar a reflexão.

O princípio cognitivo revela que as práticas realizadas na cidade são geradoras de uma reflexão teológica pertinente e que "ajuda a desvelar o Deus revelado, sua verdade e seu projeto na história".[31] O princípio material revela que a realidade

---

[30] Ibid., p. 158.
[31] Ibid., p. 159.

urbana, com seus valores e suas contradições, é matéria-prima para a reflexão teológica e que, inclusive, contém sinais dos tempos que necessitam ser interpretados pela comunidade cristã para que esta possa responder adequadamente às grandes inquietações humanas (*LG* 4). O princípio prático indica que a reflexão sobre a cidade possibilita uma incidência na pastoral realizada nos centros urbanos. Assim, uma adequada compreensão da cidade, de seus dilemas e desafios, favorecerá uma pastoral inserida na realidade urbana. Uma teologia consistente e adequada, resultado da preocupação em responder criticamente aos grandes desafios, tem impactos positivos na pastoral e vice-versa.

Uma teologia da cidade será, portanto, uma teologia da prática, à medida que a cidade for uma realidade que desafia a fé cristã tanto do ponto de vista teórico como do ponto de vista prático. Uma teologia da cidade tem o desafio de incorporar não só a cidade como objeto teórico da teologia, mas também como lugar onde a vida cristã acontece, com todas as suas exigências, numa condição de diversidade sociocultural.

Uma teologia da cidade compreendida dessa forma considerará a prática como seu primado, pois "a teologia não pode só se importar com a verdade de suas afirmações, mas deve olhar também para sua *fecundidade*: se elas produzem vida e vida em abundância"[32], já que a vida cristã é muito mais importante do que as afirmações teológicas sobre a vida.

É na cidade moderna que a modernidade vai encontrar seu chão e também o espaço privilegiado para seu desenvolvimen-

---
[32] Ibid., p. 168.

to. Em certo sentido, concordando com Libanio, pode-se afirmar que a "cidade atual e a modernidade confundem-se sob muitos aspectos. Modernização – modernidade tecnológica – e urbanização caminham juntas".[33]

O Vaticano II não produziu um documento, ou um capítulo de seus documentos, dedicado exclusivamente à cidade. As referências sobre a cidade, e a seus desafios, estão presentes em diversos documentos. Por isso, o olhar do Vaticano II sobre a cidade é ainda um olhar precário, decorrente dos limites de suas preocupações e de seu olhar sobre o mundo moderno. As referências à cidade e a outros termos correlatos, examinados na segunda parte deste capítulo, permitem constituir um quadro teórico com elementos-chaves daquilo que constituiu o olhar do Concílio sobre a cidade.

A seguir são apresentados, em linhas gerais, os principais eixos para a elaboração de uma teologia da cidade presentes na GS:

a) Simbiose entre mundo e Igreja

O paradigma utilizado pela Igreja Católica para se opor ao pensamento moderno estabelecia uma oposição entre Igreja e mundo. O Vaticano II assume outro paradigma que afirma a solidariedade da Igreja com o mundo. É um paradigma de simbiose entre mundo e Igreja.

As palavras iniciais da GS são lapidares e confirmam essa simbiose (n.1).

Em toda a GS há uma "solidariedade orgânica", uma cumplicidade, entre a Igreja e o mundo que leva a uma nova com-

---

[33] LIBANIO, João Batista. As lógicas da cidade. O impacto sobre a fé e sob o impacto da fé. São Paulo: Loyola, 2001, p. 13.

preensão do mundo e das relações da Igreja com o mundo e, obviamente, a um novo tipo de ação no mundo.

b) Reconhecimento da autonomia da cidade

A *GS* reconhece a autonomia da cidade ao afirmar a autonomia das realidades terrenas. Ao fazer isso, esse documento reconhece a capacidade de seus habitantes resolverem seus problemas.

O Vaticano II abandona a concepção construída no mundo medieval de subordinação do mundo à Igreja. A nova atitude é de colaboração com a realidade terrestre.

O reconhecimento da autonomia da cidade é o ponto de partida para uma compreensão nova das relações da Igreja Católica cidade.

c) Atenção aos sinais dos tempos

A atitude de identificação dos sinais dos tempos de certa forma constituiu a essência da metodologia indutiva proposta pelo Vaticano II (*GS* 4). E o exercício dessa metodologia é pressuposto para o exercício da missão da Igreja no mundo.

Antes de realizar a missão, é necessário que a Igreja conheça e compreenda o mundo, numa atitude de escuta e de discernimento dos sinais dos tempos, e perceba neles a manifestação de Deus na história. Com isso, a Igreja assume positivamente a história humana como *locus theologicus*.

d) Centralidade da pessoa humana

Como já assinalado, o ponto de partida da *GS* é uma perspectiva antropológica. Na primeira metade do século XX a teologia católica faz uma reviravolta antropológica.[34] Os grandes *insights* dessa teologia vão estar presentes no Vaticano II.

A visão da *GS* apresentada na *Introdução* (*A condição do homem no mundo de hoje*) perpassa toda a Encíclica. A pessoa humana é o eixo da teologia presente na *GS*: "É, portanto, o homem considerado em sua unidade e totalidade (...) que será o eixo de toda a nossa explanação" (*GS* 3a).

e) Positividade da vida urbana

Dentro da perspectiva afirmativa diante do mundo moderno, a *GS* ao falar da cidade aponta seus dilemas e contradições, mas também aponta seu valor.

A *GS* reconhece que a cidade moderna, caracterizada pela aglomeração e pela cultura urbana, gera também outras formas de vida comunitária diferentes daquelas conhecidas pela Igreja Católica no mundo rural.

Isso significa que mesmo em meio ao individualismo, aos "guetos", às situações de injustiça e de desigualdade social presentes na cidade, existe sede de proximidade e de espaços de vida comunitária.

---

[34] GIBELLINI, Rosino. *A teologia do século XX*. São Paulo: Loyola, 2002, p. 153.

f) Impulso ao engajamento dos cristãos no mundo

Com as chamadas encíclicas sociais iniciadas por Leão XIII, os católicos sentiram-se impulsionados a se engajarem nas lutas sociais. O Vaticano II, com a *GS*, fortaleceu essa tradição.

Ao reconhecer a "justa autonomia das realidades terrestres", o Vaticano II valoriza o exercício da cidadania e apresenta, inclusive, diferentes aspectos desse exercício (*GS* 36).

Essa concepção de cidadania fundamenta a necessidade de engajamento dos cristãos na luta por uma cidade melhor e por um mundo mais justo.

Compreender em que consiste a missão e como vivê-la na cidade, com todas as contradições e possibilidades que lhe são próprias, será a tarefa do próximo capítulo. Fundamentalmente, trata-se de indicar os sinais dos tempos presentes nas cidades e que se apresentam para a Igreja Católica como provocações para sua inserção nas mesmas.

CAPÍTULO IV

CIDADE E MISSÃO: ENTRE O SONHO E A REALIDADE SOB A INSPIRAÇÃO DA *GAUDIUM ET SPES*

> A *missio Dei* é atividade de Deus, a qual abarca tanto a igreja como o mundo e na qual a igreja tem o privilégio de poder participar (*David J. Bosch*).
>
> .... a atividade missionária decorre da própria natureza da Igreja (*AG* 6e).

Nos dias atuais, a cidade é, talvez, o maior desafio a ser enfrentado pelas igrejas cristãs no âmbito da missão.

A Igreja Católica ao longo de sua história teve uma relação ambivalente com a cidade. Hoje, mais do nunca, a Igreja Católica está sendo desafiada a reconciliar-se com a cidade moderna sob pena de não contribuir com a construção de uma nova cidade mais acolhedora da vida.

Neste capítulo, pretende-se refletir sobre cidade e missão à luz das inspirações da *GS*. O objetivo é examinar como os grandes eixos da teologia da missão presentes nesse documento podem contribuir com um novo olhar sobre a cidade e com a concretização da missão na cidade.

Num primeiro momento, é apresentado o paradigma da missão como presença transformadora no mundo e, em segundo, um olhar sobre os elementos que constituem a dinâmica da cidade moderna a partir daquele paradigma e dos eixos da teologia da cidade presentes na GS.

1. Missão como presença transformadora

É consenso na teologia contemporânea que a essência da vida da Igreja é justamente aquilo que nela está relacionado com o "para quê" de sua existência. O que justifica a ação da Igreja no mundo são os motivos que definem sua razão de ser. Assim, a missão constitui o "para quê" da vida da Igreja e é, portanto, a própria essência da vida da Igreja.[1] A Igreja existe *para* a missão.

A missão não é um adereço, uma das atividades a serem desenvolvidas no mundo pela Igreja. Ela não é "uma ação da Igreja, mas é simplesmente a Igreja em ação".[2] É, em outras palavras, aquilo que define a Igreja como comunidade dos discípulos de Jesus.

O AG, documento do Vaticano II dedicado à atividade missionária, afirma que a natureza missionária da Igreja se origina da própria missão de Deus: "A Igreja peregrina é por sua natureza missionária. Pois ela se origina da missão do Filho e da missão do Espírito Santo, segundo o desígnio de Deus Pai" (AG 2).

---

[1] SUESS, Paulo. *Introdução à Teologia da Missão*. Convocar e enviar: servos e testemunhas do Reino. Petrópolis: Editora Vozes, 2007, p. 69.
[2] POWER, John apud BOSCH, David. *Missão transformadora*. Mudanças de paradigma na Teologia da missão. 3 ed. São Leopoldo: EST-Sinodal, 2009, p. 441.

No âmbito da teologia da missão, um paradigma que foi e que ainda é muito utilizado por diversas igrejas cristãs e organismos missionários é aquele que afirma que a missão é, essencialmente, o anúncio do evangelho a toda pessoa, numa perspectiva proselitista, visando aumentar o número de cristãos e dilatar as fronteiras da Igreja. De acordo com esse paradigma, fazer missão é o mesmo que cristianizar. Como é possível perceber, nesse paradigma, a ideia de missão é vista como uma tarefa subordinada aos interesses institucionais. Assim, a missão é entendida como uma das atividades a serem desenvolvidas pela Igreja e não uma dimensão estruturante da mesma.

Outro paradigma considera a missão como a dimensão-estruturante da Igreja. Esse paradigma começou a ser elaborado no meio das igrejas evangélicas e posteriormente foi incorporado pela teologia católica e pelo Vaticano II. Esse novo paradigma tem seu eixo na noção de *missio Dei*. Segundo Bosch, foi na Conferência do Conselho Missionário Internacional (CoMI), em Willingen, Alemanha (1952),[3] onde "a ideia (não o termo) da *missio Dei* emergiu, pela primeira vez, de maneira clara".[4] No caso da Igreja Católica, oficialmente esse novo paradigma começou a ser assumido a partir do Vaticano II.

Segundo o *Dicionário do Movimento Ecumênico*

> a expressão *missio Dei* (missão de Deus)... apareceu na década de 1950 no desenvolvimento de uma base teológica para a atividade missionária, especialmente nos círculos anglicano-

---

[3] Segundo Bosch, os teólogos protestantes Karl Barth e Karl Hartenstein foram pioneiros do novo paradigma teológico baseado na noção de *missio Dei* (Ibid., p. 467).
[4] Ibid., p. 467.

-protestantes dentro do Conselho Missionário Internacional (CoMI). O conceito foi altamente burilado na teologia medieval do Ocidente para descrever as atividades dentro da própria vida da Trindade (*ad intra*) que são manifestadas na missão "para fora" (*ad extra*) de Deus... Os católicos e, especialmente, os ortodoxos acolheram bem a expressão *missio Dei*, na medida em que a abordagem trinitária pudesse compensar o que consideravam como sendo quase cristomonismo em grande parte do pensamento e piedade missionários protestantes..."[5]

Nessa Conferência do CoMI, com a noção *missio Dei* "compreendeu-se a missão como derivada da própria natureza de Deus. Ela foi colocada, pois, no contexto da doutrina da Trindade, não da eclesiologia nem da soteriologia".[6]

Houve uma ampliação da doutrina clássica da *missio Dei* – que afirmava que Deus-Pai enviava o Filho e Deus-Pai e o Filho enviavam o próprio Espírito Santo – com o reconhecimento de que o Pai, o Filho e o Espírito Santo enviam a Igreja para que esta realize sua missão no mundo.[7]

Segundo a nova formulação, a missão da Igreja não é consequência de uma atribuição dada por Deus, mas é consequência do próprio ser de Deus que é missionário e, por isso, faz a Igreja também ser missionária.

Isso significa que a Igreja não realiza "sua missão" conferida por Deus, mas realiza a própria missão de Deus; ela é a comunidade dos discípulos de Jesus que dá continuidade à *missio Dei*.

Como afirma Suess,

---

[5] LOSSKY, Nicholas et al. *Dicionário do Movimento Ecumênico*. Petrópolis: Editora Vozes, 2005, p. 786-787.
[6] BOSCH, David J. *Op. cit.*, p. 467.
[7] Ibid.

a missão tem sua origem na iniciativa do amor de Deus, Uno e Trino. Portanto, a missão tem sua origem na Santíssima Trindade e é anterior à Igreja. A missão emerge de uma comunidade e aponta para a convocação e o envio de comunidades missionárias.[8]

No âmbito da Igreja Católica, o Vaticano II, nessa mesma direção, reconheceu que a atividade missionária é revelação do próprio Deus:

> a atividade missionária é nada mais nada menos que a manifestação ou Epifania do plano divino e seu cumprimento no mundo e em sua história. É nela que Deus realiza publicamente a história da salvação, pela missão (AG 9,b).

As mudanças nas práticas pastorais e missionárias e na teologia católica da missão, a partir da noção *missio Dei*, incorporadas até a década de sessenta do século XX, desaguaram no Vaticano II. Como explica Suess

> A teologia da missão do Vaticano II não nasceu no canteiro de obras do Decreto *Ad Gentes*. A teologia da missão, no Vaticano II, emergiu de campos teológicos respaldados por novas práticas pastorais. Essas práticas, por muito tempo contestados no interior da Igreja Católica, na hora do Concílio se impuseram como autênticas leituras dos sinais de Deus no tempo. Emergiram, concretamente, nos campos eclesiológico--pastorais, litúrgicos e ecumênicos.[9]

---
[8] SUESS, Paulo. *Op. cit.*, p. 50.
[9] Ibid., p. 131. Suess ainda acrescenta: "Novas práticas em curso foram consideradas práticas fora do âmbito da Congregação pela Propaganda da fé, sem conexão com a visão clássica da missão".

Desta forma, para compreender a teologia da missão apresentada pelo Vaticano II é necessário recorrer também a outros documentos que não o *AG*. Isso significa dizer que a teologia da missão do Vaticano II centrada na ideia da natureza missionária da Igreja perpassa todos os documentos conciliares. Por isso, "a missiologia, que era um anexo optativo ao campo da pastoral, migrou para o campo da teologia fundamental. A missiologia como teologia fundamental tornou-se o núcleo central do Vaticano II..."[10]

A compreensão da missão como *missio Dei* constituiu, para as igrejas cristãs, um novo paradigma e influenciou na elaboração teológica da missão e na prática missionária de diversas igrejas cristãs.[11]

Pela reflexão apresentada até aqui, é possível imaginar que esse novo paradigma trouxe mudanças profundas, tanto para a autocompreensão das igrejas cristãs, como também para a atuação das mesmas no mundo. Para a compreensão de nosso tema, interessa apontar três mudanças trazidas pelo novo paradigma:

— abandono de uma perspectiva eclesiocêntrica, em que a finalidade principal era anunciar a Igreja e priorizar a implantação da mesma nos diversos lugares onde esta não estava presente. Essa perspectiva esqueceu que Jesus veio anunciar o reino e não a Igreja;

— abandono de uma perspectiva cristocêntrica, em que a missão é entendida como prática de proselitismo que se traduz pelo esforço para "salvar almas para Cristo" e de cristianizar;

---

[10] Ibid., p. 132.
[11] Bosch, David J. *Op. cit.*, p. 468. Bosch denomina esse novo paradigma de "paradigma missionário ecumênico emergente" (p. 442).

–. adoção de uma compreensão pneumatológica, em que a missão é essencialmente *missio Dei* e, por isso, é muito maior do que a Igreja e envolve esta e o próprio mundo.[12] Como decorrência dessa compreensão, é necessário reconhecer que a missão de Deus se realiza no mundo por meio de todos os esforços humanos por mais vida, mais justiça e mais fraternidade: "ela se realiza na história humana comum, não exclusivamente na igreja e por meio dela".[13] A esse respeito, um alerta de Suess deve sempre estar diante do olhar das igrejas: "Desde os primórdios da humanidade até os dias de hoje, Deus tem caminhos de comunicação salvífica além de cada Igreja e religião".[14]

Esses esforços incluem, portanto, todas as religiões, e dentro dessas as igrejas cristãs são chamadas a participar desse grande "mutirão de Deus" que convoca todos os seres humanos a viver a utopia do reino de Deus. Nessa mesma direção, Congar afirma que "a Igreja prepara o Reino. Mas não o prepara sozinha. O 'mundo-mundo' também o prepara: o mundo leigo e as outras religiões".[15]

A grande mudança, no entanto, é aquela que diz respeito a uma nova forma de a Igreja colocar-se no mundo. Se o paradigma anterior tinha o pressuposto de que a missão da Igreja consiste em expandir suas fronteiras e aumentar seu rebanho, por meio de práticas de proselitismo, o paradigma atual apresenta a missão com diferentes interfaces que se articulam na

---
[12] Ibid., p. 469.
[13] Ibid., p. 469.
[14] SUESS, Paulo. *Introdução à Teologia da Missão*. Convocar e enviar: servos e testemunhas do Reino. Petrópolis: Editora Vozes, 2007, p. 43.
[15] CONGAR, Yves-Marie. *Diálogos de outono* (Diálogos com Bernard Lauret). São Paulo: Loyola, 1990, p. 20.

grande tarefa de anúncio do reino de Deus. Uma das interfaces do novo paradigma é aquilo que denominamos de *presença transformadora* no mundo.

Essa interface leva à compreensão da inserção da Igreja no mundo, numa atitude dialogal com os cristãos, com os crentes de outras religiões e com não crentes, em busca da transformação do mundo para que haja mais vida, mais justiça e mais fraternidade.

A missão vista nessa perspectiva exige da Igreja o compromisso permanente com sua conversão a partir da mensagem evangélica (Mc 1,15) em vez de procurar a conversão daqueles que estão fora das igrejas cristãs.

É necessário compreender a forma como essa presença transformadora se dá no mundo. A seguir são apresentadas três exigências consideradas as mais importantes dessa interface da missão para a compreensão de nosso tema: o esvaziamento, o profetismo e a compaixão.

a) Esvaziamento

O esvaziamento é uma exigência para todos os cristãos e para toda a Igreja. O esvaziamento não é uma questão estratégica no âmbito da missão, mas uma questão de princípio para que esta aconteça efetivamente em fidelidade ao Evangelho.

A respeito do esvaziamento, a Carta aos Filipenses 2,6-8 apresenta um hino em que Paulo afirma que Jesus

> tinha a condição divina, e não considerou o ser igual a Deus como algo a se apegar ciosamente. Mas esvaziou-se a si mes-

mo e assumiu as condições de servo, tomando a semelhança humana. E, achado em figura de homem, humilhou-se e foi obediente até a morte, e morte de cruz.

No artigo "A missão cristã num contexto de diálogo inter-religioso. Uma reflexão a partir de Filipenses 2,6-7", procurei mostrar como a noção de esvaziamento tem uma importância crucial para o entendimento da vida de Jesus. Efetivamente, "para Paulo a *kenósis* é um paradigma a partir do qual se pode pensar a vida e toda a prática de Jesus".[16]

Aquilo que para Paulo significou na vida de Jesus o "esvaziou-se de si mesmo" traduziu-se em dois aspectos fundamentais e que vão estar presentes em toda a sua prática: a vida de pobreza e de simplicidade e sua relação com a tradição.[17]

O primeiro aspecto é aquele que se refere ao despojamento em relação aos bens materiais e permite compreender mais claramente o *locus* de Jesus: a condição de pobreza vivida pelos pobres, assumida por ele e exigida dos discípulos.[18]

Se a Igreja quer ser fiel à mensagem evangélica, ela precisa esvaziar-se daquelas condições que historicamente foram construídas a partir de sua aliança com o Estado e com as classes dominantes, para ser livre para o anúncio da mensagem evangélica.

A missão convoca as igrejas cristãs ao esvaziamento da riqueza e daquelas estruturas materiais que impedem a liberdade para o anúncio do Evangelho.

---

[16] SANCHEZ, Wagner Lopes. A missão cristã num contexto de diálogo inter-religioso. Uma reflexão a partir de Filipenses 2,6-7. In: *Revista Espaços* 18/1. São Paulo: ITESP, 2010, p. 11.
[17] Ibid.
[18] A esse respeito ver Lc 9,57ss. e Mt 10,9ss.

O segundo aspecto é o que se refere à tradição: "diante da tradição e das autoridades religiosas de seu tempo, Jesus apresenta-se como um homem livre que assume aqueles valores e práticas que entende que são coerentes com a tradição religiosa judaica".[19] Assim, diante da tradição Jesus assume uma posição de fidelidade criativa.

Para serem fiéis à missão, as igrejas cristãs frequentemente precisam transgredir a tradição. A tradição, em suas estruturas mentais e dogmáticas, muitas vezes precisa ser relativizada quando é obstáculo para o exercício da missão. Desta forma, as igrejas cristãs precisam reler, corajosamente, a tradição sem perder de vista o núcleo central da mensagem do Evangelho.

b) Profetismo

O profetismo é uma tradição muito presente na história do povo judeu e no cristianismo primitivo. Ao longo da história da Igreja o profetismo sempre esteve presente muitas vezes de forma latente, outras vezes de forma explícita.

O anúncio do reino convoca constantemente os cristãos, individualmente, e a própria Igreja, como comunidade dos discípulos de Jesus, a viverem a todo instante o ofício da profecia na fidelidade ao anúncio do reino. Como lembra Comblin, "a profecia é testemunho do evangelho para o mundo. Mas ela é também, inevitavelmente, testemunho para a Igreja".[20] Por isso, o próprio Comblin afirma que a "profecia é palavra de Deus a seu povo aqui e agora.

---

[19] SANCHEZ, Wagner Lopes. *Op. cit.*, p. 12.
[20] COMBLIN, José. *A profecia na Igreja*. São Paulo: Paulus, 2008, p. 281.

É atualização da palavra de Deus, que foi a missão de Jesus nesta terra. Por isso ela é 100% religiosa e 100% política".[21] Desta forma, a profecia tem uma dimensão religiosa e uma dimensão política.

Enquanto dimensão religiosa, a profecia é marcada pelo universo religioso próprio da tradição judaico-cristã e pela força da atualização do Evangelho. Além disso, ela é dirigida, antes de tudo, a todos os cristãos e a toda a Igreja, pois a profecia está profundamente vinculada à vida de quem a exerce: não se pode separar o exercício da profecia da vida de quem a exerce, sejam indivíduos ou comunidades.

Sendo que a conversão é uma das consequências da mensagem profética, o exercício da profecia é um convite constante aos cristãos e à Igreja para que se convertam e retomem o caminho do reino de Deus (Mc 1,15).

Por outro lado, a dimensão política da profecia vem do fato de que ela é pública. Ou seja, a profecia não se dirige apenas aos cristãos e à Igreja, mas a toda a sociedade e aqueles que a governam.

A profecia tem um potencial de crítica que se manifesta na denúncia daquelas condições que se contrapõem aos valores do reino e, ao mesmo tempo, no anúncio de formas alternativas de vida. A criticidade da profecia é radical porque se faz denúncia e anúncio, desconstrução e construção, ruptura e esperança.

Em todos os tempos,

> a missão do profeta é aquela que foi também de Jesus; ir ao mundo dos pobres para despertar a esperança e já começar a fundar o reino de Deus. (...) O profeta anuncia a chegada da

---

[21] Ibid., p. 12.

força de Deus, que vem revestir a fraqueza dos fracos deste mundo.[22]

O ofício da profecia é, portanto, o ofício da esperança entendida como atitude de compromisso permanente com a vida e com a justiça, já neste mundo, acreditando que o futuro nasce dessa atitude.

c) Compaixão

A Bíblia Hebraica mostra que a presença de Deus na vida do povo judeu foi uma presença de um Deus que se compadeceu do sofrimento de seu povo e se fez solidário com os excluídos. É isso que revela o livro do Êxodo:

> Eu vi, eu vi a miséria do meu povo que está no Egito. Ouvi seu grito por causa dos seus opressores; pois eu conheço as suas angústias. Por isso desci a fim de libertá-lo da mão dos egípcios, e para fazê-los subir desta terra para uma terra boa e vasta, terra que mana leite e mel... (Êx 3,7).

Deus não se contenta em ver a miséria do povo, ouvir seus gritos de sofrimento e conhecer suas angústias. Ele se mobiliza para libertá-lo. Ele se compadece e se revela um Deus solidário com o sofrimento e com a luta de seu povo.

Na vida de Jesus encontra-se uma continuidade dessa perspectiva. O mistério da encarnação de Deus na história

---

[22] Ibid., p. 264.

através da mensagem e da ação de Jesus é o mistério da compaixão. Jesus vê o sofrimento de seu povo e não se contenta em ver, decide agir (Mt 14,13-16; Mc 6,34-36) e agir solidariamente.

Para Zwetsch, em nossos dias a compaixão é a expressão-chave do Evangelho de Jesus.[23] Ela sintetiza muito bem a prática de Jesus e revela o rosto do Deus de Jesus. Se o Deus da fé cristã é amor (1Jo 4,8), sua revelação se dá no amor; em Jesus é a compaixão que revela esse Deus.

Em Jesus de Nazaré, a compaixão revelou-se tanto em sua inserção no meio dos pobres, como também em seu compromisso solidário com eles, assumindo as consequências dos conflitos decorrente desse compromisso. A vivência da compaixão era o próprio anúncio do Evangelho do reino.

Numa sociedade caracterizada pela busca constante do lucro e pelo individualismo, a afirmação da vida é a exigência fundamental, é o imperativo categórico que está inserido no núcleo da missão como presença transformadora:

> Na natureza missionária está inscrito um imperativo categórico e militante: zele pela vida dos outros como tu queres que outros zelem por tua vida; derrube as fronteiras que fecham, excluem e asfixiam...[24]

Hoje, a compaixão tem um significado político importante da mesma forma que teve no tempo de Jesus. Quando vivida em sua

---

[23] ZWETCH, Roberto E. *Missão como com-paixão*. Por uma teologia da missão em perspectiva latino-americana. São Leopoldo: Sinodal-CLAI, 2008, p. 314.
[24] SUESS, Paulo. A missão da Igreja, lembrar o reino, zelar pela vida. In: AMERÍNDIA. *A missão em debate*. Provocações à luz de Aparecida. São Paulo: Paulinas, 2010, p. 90.

radicalidade, ela leva os cristãos e a Igreja a participarem no grande mutirão da transformação da sociedade para que haja mais vida.

2. Cidade e missão: presente e futuro em favor da vida

Embora o Vaticano II tenha aprovado um documento específico sobre o tema da missão – Decreto *Ad Gentes (AG)* –, esse tema é transversal a todos os seus documentos, como já foi assinalado. Assim, esse tema também está presente na *LG*, quando o Concílio apresenta a Igreja, e na *GS*, quando procura apresentar a relação da Igreja com o mundo.

Segundo Suess, a *GS* é o documento que apresenta a "missão da Igreja no mundo contemporâneo", sendo que no núcleo do paradigma do Vaticano II está o decreto *AG*.[25] Partindo desse pressuposto, a *GS* seria o documento que concretizaria a forma como a Igreja Católica deve viver a missão no mundo moderno.

Por outro lado, a *GS* expressa a sensibilidade do Vaticano II com a realidade da cidade, embora esse tema não estivesse no centro de suas preocupações. De qualquer forma, é possível afirmar que o Vaticano II, embora não explicitamente, reconhece que a cidade é um *locus theologicus*. Na *GS*, embora não se encontre uma teologia consistente da cidade, é possível encontrar um olhar positivo sobre a cidade que à luz do espírito geral desse documento indica aquele reconhecimento. No entanto, o Vaticano II não chegou a aprofundar o sentido teológico da cidade.

---
[25] Ibid., p. 134.

O paradigma presente na *GS* coloca no mundo a chave explicativa para entender a ação da Igreja. Esse paradigma lança um olhar, em primeiro lugar, sobre o mundo para depois elaborar a autocompreensão da Igreja. É um paradigma que se contrapõe ao paradigma clássico que colocava na doutrina o ponto de partida para compreender a Igreja. A Igreja abre mão de uma visão triunfalista para dialogar com as provocações vindas da realidade social. A raiz da autocompreensão elaborada pelo Vaticano II está no mundo e não na própria Igreja Católica. Esse ponto de partida foi revolucionário.

Pode-se dizer que a perspectiva dos *sinais dos tempos*, mesmo considerando as restrições colocadas por Comblin, e que foram apresentadas no terceiro capítulo, constitui a perspectiva metodológica da *GS*. Esse documento se propõe a olhar o mundo compreendendo seus diferentes aspectos como sinais dos tempos que devem ser interpretados à luz do Evangelho (*GS* 4) pela Igreja e não condenados. Do ponto de vista metodológico, essa proposição é central para o entendimento das novas relações da Igreja com o mundo e seus novos olhares.

Se a *GS* olha para o mundo a partir da perspectiva dos sinais dos tempos, por coerência o olhar sobre a cidade também precisa adotar essa mesma perspectiva.

No espírito do Vaticano II, uma teologia da cidade que queira ser relevante não só assume a cidade como objeto, mas também a cidade como um dos sinais dos tempos presentes no mundo moderno ou como um *locus* onde diversos sinais dos tempos estão presentes e precisam ser considerados.

Referindo-se à cidade como um dos sinais dos tempos modernos, Comblin afirma que se pode interpretar esses sinais de duas formas:

> por um lado, pode-se apostar no fracasso das cidades, prestar atenção nas vozes que denunciam sua massificação, sua desumanização, e escolher o caminho da fuga. (...) Ou pode-se pensar que o urbanismo e a arquitetura moderna, que o fim das ideologias e o advento de uma política concreta, que os imensos recursos das técnicas contemporâneas constituem sinais de salvação aos quais se deve saber compreender".[26]

Se o paradigma presente na GS coloca no mundo a chave explicativa para entender a ação da Igreja, no caso de uma teologia da cidade que queira estar inspirada nas intuições daquele documento, a cidade será a chave explicativa para entender a ação da Igreja. Além disso, uma teologia da cidade com essa inspiração precisa levar em conta a relação dialética entre Igreja e mundo. Esse ponto de partida é fundamental para uma teologia da cidade que pretenda ser relevante.[27]

No primeiro capítulo foram apresentados três aspectos que constituem a dinâmica da cidade moderna e que estão presentes nos dias de hoje: a cidade como lugar de ruptura, a cidade como lugar de contradição socioespacial e a cidade como lugar de diversidade. A partir da GS, neste momento examinamos esses três aspectos da dinâmica da cidade atual, que se apresentam como desafios à atuação da Igreja Católica.

---

[26] COMBLIN, José. *Teologia da cidade*. São Paulo: Paulinas, 1991, p. 235.
[27] Ibid., p. 248.

2.1. Olhando a cidade como lugar de ruptura

A cidade, como ícone da modernidade, reflete, de forma privilegiada, o processo crescente de rupturas que se dá tanto nas visões de mundo, nas regras sociais e no próprio *ethos*.

E as religiões são muito sensíveis a esse processo crescente de rupturas:

> O campo religioso é muito sensível a qualquer tipo de ruptura, justamente porque articula o universo simbólico, que dá significado à vida das pessoas (...) e à própria forma como a sociedade está organizada.[28]

O olhar sobre a dinâmica constante da ruptura considera dois âmbitos: o institucional e o pessoal.

O âmbito institucional diz respeito à forma como a Igreja Católica enfrenta a dinâmica da ruptura, da mudança. Em sua história, a Igreja Católica sempre teve dificuldades para enfrentar as rupturas, tanto no que diz respeito a seu *modus vivendi*, como também no que diz respeito a seu arcabouço doutrinal e a sua própria estrutura organizativa. A estratégia que frequentemente a Igreja Católica tem adotado para enfrentar os movimentos que representaram – ou representam – ameaça é a assimilação. É a estratégia de enquadramento dos grupos dissidentes para evitar a ruptura, para evitar a mudança.

---

[28] SANCHEZ, Wagner Lopes. *(Des) Encontros dos deuses*. CNBB e pluralismo religioso no Brasil: um debate a partir dos encontros intereclesiais de CEBs (1992-1997). Tese de doutorado apresentada à PUC-SP. São Paulo, 2001, p. 38-39.

A Igreja Católica tem mostrado dificuldade e pouca flexibilidade para adaptar-se às mudanças de qualquer ordem. Um exemplo disso é o próprio eixo de sua estrutura organizativa, a paróquia, que, fundamentalmente, permanece a mesma há séculos. Para atuar nas cidades, a Igreja Católica ainda utiliza estratégias do mundo rural.

Uma igreja com uma estrutura pouco flexível tem muita resistência em adaptar-se a uma sociedade que tem como uma de suas características a ruptura, a mudança constante. Essa dinâmica é um grande questionamento a uma instituição que se movimenta com muita lentidão e é acostumada a poucas mudanças.

A Igreja Católica é convocada a olhar esse processo constante de rupturas e de mudanças, como um sinal dos tempos e a discernir o que é revelador da ação de Deus sem abandonar sua identidade em constante diálogo com o mundo, com as outras igrejas e com as outras religiões.

O âmbito pessoal é aquele que se refere às pessoas que fazem parte da Igreja Católica. Aqui é preciso olhar atentamente para a vida das pessoas nos diversos contextos, sobretudo da cidade.

Atualmente, de um lado, a pessoa humana é mais autônoma, mais consciente de seu potencial de liberdade e das possibilidades de sua interferência na história. Em outros termos, a pessoa humana quer ser sujeito da história. Por outro lado, existem tendências para a massificação, para o individualismo, para a insegurança.

A pessoa humana, hoje, é uma pessoa humana em crise de identidade como reflexo da crise mais geral inaugurada pela modernidade. Uma pessoa deslocada tanto no que diz respeito às novas visões de mundo, às novas regras sociais e ao novo *ethos*. Essa crise tem como seu eixo justamente a ideia de ruptura.

Ao mesmo tempo em que as religiões são muito sensíveis a essa crise, elas têm potencialidades para oferecer às pessoas um repertório simbólico que lhes permita, se não superar, pelo menos conviver com essa crise. No caso do cristianismo, as igrejas cristãs tradicionais passam por uma situação de crise. Elas não conseguem responder adequadamente aos apelos da crise e estão perdendo adeptos. A solução que tem sido encontrada por muitas igrejas, e por movimentos religiosos dentro das mesmas, é retornar ao passado e retomar práticas religiosas tradicionais muitas vezes dentro de uma perspectiva pré-moderna. Outras procuram fornecer às pessoas respostas em sintonia com a dinâmica do mercado.

As religiões disponibilizam às pessoas elementos para que elas construam referenciais que permitem o enfrentamento dos grandes problemas existenciais e também da sociedade.

A teologia da cidade não pode desconsiderar essa situação de crise geral e das pessoas e pode apresentar elementos para que as igrejas ofereçam às mesmas, sem cair numa prática religiosa espiritualizante, a harmonia necessária para construírem "mapas religiosos" que orientem a vida num mundo em constante ruptura.

Nas sociedades capitalistas, o mercado apresenta para as pessoas uma saída para essa crise: o consumo constante, não para que as necessidades vitais sejam satisfeitas, mas para criar nas pessoas a ideia de uma "felicidade de consumo". As pessoas consomem por prazer, e seu interesse não está, necessariamente, na posse dos bens, mas na "experiência pela experiência, a embriaguez das sensações e das emoções novas: a felicidade das 'pequenas aventuras'".[29]

Para a atual sociedade capitalista, portanto, a superação da crise existencial está no próprio mercado, mais precisamente, no *hiperconsumo*. Em outras palavras, a felicidade está no mercado e na entrega da pessoa a sua dinâmica.

Muitas religiões e grupos religiosos buscam atender a essa dinâmica. São religiões que propõem às pessoas uma prática religiosa em convergência com o espírito da sociedade de hiperconsumo. Um exemplo disso é teologia da prosperidade que está presente nas igrejas neopentecostais e em outros grupos religiosos existentes no interior das igrejas tradicionais.

A apresentação de "mapas religiosos", diferentes daqueles oferecidos pela religião do mercado, supõe outro tipo de prática religiosa que ao mesmo tempo supere uma concepção espiritualizante e desencarnada, típica de muitos movimentos religiosos atuais.

Trata-se de resgatar na tradição das igrejas aqueles elementos que permitam construir um novo tipo de espiritualidade que seja capaz de oferecer um repertório que ofereça a possibilidade para que as pessoas possam recriar o sentido da vida num contexto de rupturas constantes, a partir de um olhar complexo sobre a realidade sem se submeterem à lógica do mercado.

---

[29] LIPOVETSKY, Gilles. *Op. cit.*, p. 63.

Além disso, trata-se de criar novos espaços de vida comunitária, onde as pessoas possam encontrar-se consigo mesmas e com as outras pessoas, superar a massificação, o individualismo e a insegurança e viver a missão cristã como *presença transformadora* no mundo.

2.2. Olhando a cidade como lugar de contradição socioespacial

A cidade é lugar de contradição socioespacial. As principais contradições presentes na sociedade moderna explodem com toda intensidade na cidade e chegam a ter uma configuração espacial que está presente nas regiões centrais, nos guetos residenciais e nas periferias. Em meio a essas contradições, o direito à cidade exige que seu território seja acessível a todos e que as condições de vida sejam atendidas para que se viva com dignidade.

Historicamente, no entanto, a cidade apresenta contradições socioespaciais que limitam o direito à cidade e o direito à vida. Mas o projeto de viver numa cidade onde as aspirações humanas possam realizar-se plenamente ainda continua sendo um sonho.[30]

Entre a cidade dos sonhos, onde é possível viver com liberdade e dignidade, e a cidade real há uma distância muito grande. A cidade real é a cidade das exclusões, das segregações, da luta desenfreada pela sobrevivência, mas é também lugar de sonho,

---

[30] COMBLIN, José. *Viver na cidade*. Pistas para a pastoral urbana. São Paulo: Paulus, 1995, p. 29.

de luta pela justiça e pela liberdade, de construção da autonomia, de invenção da vida, de experiências de solidariedade, mesmo que fragmentárias. Enfim, a cidade é lugar de contradição e, portanto, é lugar de luzes e sombras, é lugar de vida e morte.

O capital fragmenta o território segundo seus interesses econômicos. O setor imobiliário faz parte desse processo. Ele coloca os interesses do mercado acima dos interesses sociais no que diz respeito à distribuição do território da cidade e das construções. Isso se dá tanto no que diz respeito às áreas destinadas às atividades industriais e de serviços, como também com relação aos espaços e imóveis destinados à moradia. No caso da moradia, estabelece-se uma segregação entre as áreas destinadas às moradias das elites e dos setores médios da população, de um lado, e, de outro, às moradias destinadas aos setores populares.

Olhar a cidade como espaço de contradição socioespacial supõe olhá-la com criticidade para compreender os desafios decorrentes dessa contradição não como problema de um ou outro setor da população, mas como desafio da cidade que existe. A resolução da contradição socioespacial é uma necessidade para a própria sobrevivência da cidade. Essa contradição socioespacial ainda não foi compreendida adequadamente pela Igreja Católica, até porque esta, com sua estrutura pastoral, muitas vezes reforça essa contradição.

Para a Igreja Católica – e isso vale também para as demais igrejas cristãs – um dos desafios é não reforçar aquela contradição. Da parte das igrejas, o engajamento nas lutas das cidades exige uma atitude de denúncia e práticas pastorais para superar a apropriação injusta do território, as condições precárias de vida e as próprias estruturas sociais que organizam a cidade em vista do capital.

Uma das características das cidades que reforçam as contradições socioespaciais é o isolamento das pessoas e das estruturas físicas da cidade. As estruturas pastorais não podem levar a Igreja Católica ao isolamento em relação às lutas da cidade.[31] Por isso, é necessário avaliar as estruturas pastorais e transformá-las para que elas expressem o compromisso com a cidade.

Na cidade o "coração da Igreja" e suas estruturas precisam ser animados pela mensagem do Evangelho e estar ao lado daqueles que querem uma cidade mais humana e mais justa.

É importante que na elaboração do projeto de evangelização e do plano diretor de pastoral se considere a cidade como uma realidade complexa e que em sua desordem reclama atitudes e ações do poder público, da sociedade civil e das igrejas para transformá-la. Desta forma, as decisões pastorais, em sintonia com a cidade, passam pelo diálogo sobre os grandes problemas da cidade. Parafraseando a *GS 3*, o testemunho da fé cristã na cidade passa pelo diálogo sobre os vários problemas da cidade:

> ... o Concílio, testemunhando e expondo a fé de todo o povo de Deus (...), não pode demonstrar maior eloquência sua solidariedade, respeito e amor para com toda a família humana (...) senão estabelecendo com ela um diálogo sobre aqueles vários problemas, iluminando-os à luz tirada do Evangelho (GS 3).

---

[31] Ibid., p. 55.

O olhar local supõe um olhar global e vice-versa; da mesma forma, a atuação local supõe uma atuação global e vice-versa, a partir de uma articulação que leve em conta os grandes desafios da cidade com suas peculiaridades. Isso vale para a atuação do poder público, da sociedade civil e também da Igreja Católica. As estruturas pastorais locais subordinadas a um plano global de atuação para a cidade possibilitam uma adequada relação dialética das mesmas com a cidade.

Falando do projeto de evangelização para a cidade, Almeida afirma que "o projeto de evangelização não poderia ser paroquial (...), nem multiparoquial (...), nem diocesano (...), mas verdadeiramente urbano".[32] Em outras palavras, o plano diretor de pastoral e as estruturas pastorais, na cidade, precisam ser, de fato, *urbanos* para responderem, do ponto de vista eclesial, aos desafios da cidade.

O engajamento dos católicos, não só nas estruturas eclesiais, mas também nas estruturas da cidade, supõe o horizonte de uma cidade fundada na justiça, na solidariedade, no respeito às diferenças. A própria *GS* estimula o engajamento dos católicos na cidade de forma autônoma em vista do bem comum (n. 31c). Na perspectiva da *GS*, os católicos não são braços estendidos, como querem muitos membros da hierarquia.

Ao mesmo tempo, a atuação dos católicos nas lutas da cidade não isenta a hierarquia de atuar também na cidade para resolver os problemas. A ideia muito presente no imaginário da Igreja Católica de que os leigos têm a tarefa de atuar no mundo enquanto a hierarquia católica "cuida das coisas da igreja"

---

[32] ALMEIDA, Antonio José de. *Paróquia, comunidades e pastoral urbana.* São Paulo: Paulinas, 2009, p. 212.

precisa ser revista. A própria *GS* considera que essa separação tem de ser relativizada (43b). A distinção rígida entre leigos e hierarquia precisa ser repensada, inclusive para tornar a ação da Igreja Católica mais impactante na cidade.

Numa cidade, diversas são as frentes de atuação e de luta para superar as contradições e tornar a cidade mais acolhedora. É importante que sejam definidas as frentes mais importantes a serem consideradas como espaço de atuação da Igreja Católica. Nessa definição, é necessário considerar a relevância, o impacto sobre a realidade social e a especificidade da contribuição da Igreja Católica no conjunto da cidade. Além disso, é necessário abandonar aquelas ações que são prerrogativas do Estado e que nos últimos anos as políticas neoliberais transferiram para a sociedade civil com o intuito de "enxugar" a ação e estrutura do poder público. No limite, essas ações poderiam ser transferidas para os leigos, considerando, ainda assim, que essas estratégias são supletivas e transitórias, já que são próprias do Estado.

As periferias das grandes cidades, manifestação mais eloquente das grandes contradições socioespaciais, deverão ser prioridades da ação da Igreja Católica.

O paradigma da missão como presença transformadora impulsiona a instituição para inserir-se naqueles lugares sociais estratégicos para o anúncio da boa-nova do reino. Nas cidades, os lugares sociais estratégicos são as periferias.

A atuação da Igreja Católica nas periferias faz parte do conjunto da ação global da Igreja na cidade. Na definição de prioridades, as periferias devem ser *locus estruturante* da ação da

Igreja Católica na cidade e, além disso, *prioridade estruturante* das demais prioridades.

A inserção da Igreja Católica nas periferias não é apenas uma opção geográfica a ser acrescentada à ação da Igreja, como frequentemente acontece, mas, antes de tudo, uma opção de fundo para dar mais efetividade e concretização ao conjunto da missão entendida como presença transformadora.

A definição das periferias como prioridade está diretamente relacionada às próprias exigências da missão: o esvaziamento disponibiliza a Igreja para colocar-se ao serviço desinteressado de todos, mas prioritariamente dos excluídos; a compaixão, como exigência evangélica, obriga a Igreja a colocar-se no mundo dos excluídos que estão nas periferias das cidades e da sociedade e a olhar a cidade, e a partir daí poder olhar globalmente a cidade; o profetismo exige da Igreja uma atitude corajosa de denúncia, das condições sociais que negam a vida, e de anúncio do reino. Enfim, a ação global da Igreja Católica na cidade estará ancorada na ação local nas periferias.

Do ponto de vista eclesial, as pequenas estruturas, como as Comunidades Eclesiais de Base (CEBs), que são grupos de vida, de celebração e alimentam o engajamento no bairro com vistas à inserção nas lutas da cidade, são consideradas como parte de uma grande rede capilar que "contamina" as pessoas, a própria Igreja, as pastorais e os organismos.

Percebe-se, portanto, que o enfrentamento das contradições socioespaciais tem uma dimensão política crítica que vai muito além da ação assistencialista.

Olhar a cidade a partir das periferias e considerá-las como prioridade estruturante da ação eclesial é fazer uma opção política que tem consequências bastante efetivas para o conjunto da Igreja Católica na cidade.

A missão na cidade, entendida como presença transformadora, tem uma dimensão política de fundo que compromete toda a vida dos cristãos e das próprias estruturas eclesiais.

2.3. Olhando a cidade como lugar de diversidade

A diversidade se expressa na cidade tanto na distribuição espacial como na convivência humana e nas visões de mundo que perpassam a cidade.

Grande parte da história da Igreja Católica foi uma história de manutenção da hegemonia religiosa no ocidente. Enquanto igreja hegemônica que tinha a responsabilidade de ser matriz ideológica da cristandade, a Igreja Católica construiu um imaginário que não favoreceu o diálogo com a diversidade. Um dos méritos do Vaticano II foi a Igreja Católica assumir a condição do diálogo e da abertura ao mundo sem, no entanto, abrir mão de sua identidade.

Na cidade, a Igreja Católica está exposta a uma condição social de pluralismo de visões de mundo. Na cidade circulam livremente diversas visões de mundo de diferentes matizes. São concepções filosóficas e religiosas que lutam para ter legitimidade diante da sociedade. Por ser espaço de liberdade, a cidade favorece a convivência das diferenças, apesar de expressões de intransigência e de fundamentalismos também se fazerem presente.

Na modernidade, o campo religioso é o campo privilegiado onde a diversidade se realiza de forma intensa buscando o pluralismo. A construção de uma compreensão da diversidade religiosa é algo recente no magistério da Igreja Católica.

Foi somente com o Vaticano II que a Igreja Católica reconheceu, oficialmente, que a diversidade religiosa é um dos sinais dos tempos a ser valorizado. Esse evento assumiu uma das teses do pensamento moderno: a pessoa humana tem direito à liberdade religiosa: "Este Sínodo Vaticano declara que a pessoa humana tem direito a liberdade religiosa" (*Dignitatis Humanae* 2).

Uma das exigências da missão é o esvaziamento. Um dos aspectos dessa exigência é justamente aquele que diz respeito à tradição e que está relacionada diretamente com o tema da diversidade religiosa e da liberdade religiosa.

O reconhecimento da legitimidade da diversidade religiosa e da liberdade religiosa traz consequências bastante profundas para a compreensão das demais igrejas cristãs, das demais religiões e da própria missão. Talvez essas consequências ainda não tenham sido percebidas em sua radicalidade pela Igreja Católica.

Algumas dessas consequências:

— Aceitação da igualdade e da legitimidade das várias concepções religiosas e das várias concepções eclesiológicas existentes no campo do cristianismo.

— Reconhecimento de que a missão é *missio Dei* e ultrapassa a própria Igreja e se estende a todas as religiões e todos os homens/mulheres que se comprometem com a justiça e com a vida. Para a realização da missão há um grande "mutirão de Deus" sendo desenvolvido na história.

– No âmbito do cristianismo, a missão tem uma dimensão ecumênica profunda. A dimensão ecumênica faz parte do ser da Igreja como exigência do ensinamento de Jesus: "para que sejam um como nós" (Jo 17,11). Por isso, faz parte também da própria missão. Isso significa dizer que ecumenismo e missão são duas realidades intrinsecamente vinculadas, pois "é necessário compreender a vocação cristã em chave ecumênica",[33] já que o ecumenismo faz parte da vocação e da natureza da Igreja.

Essas três consequências obrigam a Igreja Católica – e também as demais igrejas cristãs – a estabelecer relações fraternas e de respeito mútuo com outras igrejas e religiões e a realizar a missão em diálogo permanente, pois esta não é missão de uma igreja específica, mas é missão de Deus e, portanto, de todos.

Desta forma, o diálogo inter-religioso e o ecumenismo não podem ser colocados como uma questão estratégica para a atuação das igrejas, mas como uma questão de princípio que norteará toda a vida das mesmas. O diálogo inter-religioso e o ecumenismo só podem efetivar-se na vida da Igreja Católica – e também das demais igrejas cristãs – se o esvaziamento for considerado como uma das exigências da missão cristã.

Se não houver uma atitude de humildade para compreender a própria tradição da Igreja, não é possível viver o esvaziamento. Se

---

[33] ZWETSCH, Roberto E. *Missão como com-paixão*. Por uma teologia da missão em perspectiva latino-americana. São Leopoldo-Quito: Sinodal-CLAi, 2008, p. 369.

a tradição não for entendida como uma realidade dinâmica que sempre está sendo refeita, relida, reelaborada, corre-se o risco de se manter um cristianismo fossilizado, mesmo que nos aspectos secundários tenha uma "roupa nova". Aqui uma teologia hermenêutica é imprescindível para a Igreja: "Não há tradição viva se não houver atualização da experiência cristã fundamental da Revelação, mesmo que seja segundo interpretações diferentes".[34]

A vida num mundo plural e numa cidade plural obriga a Igreja Católica – e as demais igrejas cristãs – a fazerem um "acerto de contas" com sua tradição e consigo mesmo.

A vida na cidade exige respeito à diversidade e esta exige reconhecimento da legitimidade das diferentes concepções religiosas. A Igreja Católica é convocada a viver na cidade não só respeitando a diversidade, mas também a impregnar sua atuação no mundo com uma atitude dialogante.

A luta pela vida na cidade supõe também o respeito à diversidade e a capacidade para fazer parte de um caminho de diálogo com todos os parceiros no grande mutirão da vida que é o "mutirão de Deus".

E nesse caminho de diálogo a disponibilidade para rever posições, relativizar concepções doutrinais e abrir-se para os sinais dos tempos é fundamental. O medo não pode abafar a esperança.

É nesse caminho de diálogo que a identidade se constrói com vista a uma identidade dialogante, aberta e disponível ao serviço.

E a Igreja Católica não pode ficar à margem desse caminho sob o risco de negar sua missão e de toda a Igreja, *a missio Dei*.

---

[34] GEFFRÉ, Claude. *Crer e interpretar*. A virada hermenêutica da teologia. Petrópolis: Editora Vozes, 2004, p. 42.

CONSIDERAÇÕES FINAIS

POR UMA TEOLOGIA EM DIÁLOGO COM OS DESAFIOS DA CIDADE

No capítulo "Tarefas incompletas", do livro *Concílio Vaticano II. Em busca de uma primeira compreensão*, Libanio afirma que "toda obra humana conjuga um aspecto de acabamento e um de incompletude".[1] Em seguida, ele apresenta onze tarefas que, segundo sua avaliação, são tarefas incompletas deixadas pelo Vaticano II. Podemos acrescentar a essas tarefas mais uma: a construção de uma teologia da cidade corajosa e identificada com os grandes desafios dos tempos atuais.

Dentro do espírito de *aggiornamento*, de renovação iniciado por João XXIII, o Vaticano II inaugurou uma "pedagogia do diálogo com as realidades terrestres".[2] Entre os tantos avanços trazidos por esse Concílio, um deles é essa pedagogia do diálogo, pois coloca a Igreja Católica numa atitude mais humilde e mais aberta em relação aos problemas do mundo. Fundamentalmente, essa pedagogia leva a Igreja Católica a ser parceira no projeto de construção do mundo.

---

[1] LIBANIO, João Batista. *Concílio Vaticano II*. Em busca de uma primeira compreensão. São Paulo: Loyola, 1996, p. 179.
[2] Ibid., p. 180.

No que diz respeito ao tema da cidade, com essa pedagogia o Vaticano II deu início a um caminho que ainda está aberto: o caminho da ação da Igreja Católica na cidade.

Nos tempos atuais em que a Igreja Católica vive um período de recuo em sua trajetória na direção do compromisso com a mudança e a renovação, é imprescindível recuperar as intuições do Vaticano II e é preciso recorrer ao espírito do Concílio, que vai muito além de seus documentos. É necessário levar adiante suas intuições e perspectivas e realizá-lo naquilo que ele não pôde fazê-lo. A Igreja Católica não precisa de outro Concílio; o que ela precisa é dar continuidade ao projeto conciliar de renovação iniciado pelo Vaticano II.

Se a Igreja Católica ainda tem dificuldades para atuar nas cidades, ela não pode perder de vista a necessidade de, à luz do Vaticano II, "perscrutar os sinais dos tempos" presentes no mundo urbano, para participar do grande mutirão de transformação da cidade, para torná-la mais habitável, mais acolhedora, mais humana e assim construir um futuro melhor para aqueles que vivem nela.

Como afirma Mumford, a missão da cidade do futuro

> é colocar as maiores preocupações do homem no centro de todas as suas atividades; é unir os fragmentos dispersos da personalidade humana, transformando homens artificialmente mutilados... em homens completos..."[3]

Se considerarmos como válida essa tarefa do futuro da cidade, a Igreja tem aí um papel crucial. Essa missão está diretamente vinculada à própria cidade no que se refere a sua produção, a

---

[3] MUMFORD, Lewis. *A cidade na história*. Suas origens, transformações e perspectivas. São Paulo: Martins Fontes, 2008, p. 682.

seu imaginário, a suas consequências e a possibilidades de sua transformação. A missão como presença transformadora da Igreja na cidade coincide com essa tarefa da cidade futura no espírito das palavras inicias da GS.

A cidade do futuro, portanto, terá de ser um espaço de vida onde as pessoas possam ser completas, felizes... Para isso, a cidade necessitará de condições objetivas para que a organização socioespacial seja democratizada e as instituições sociais garantam o respeito à vida, à prática da justiça e à vivência da solidariedade. A pessoa humana será seu centro; e sua autonomia se traduzirá numa autonomia solidária e em diálogo, e não em individualismo.

Para isso, a cidade terá de ser reconstruída:

a) na organização do espaço urbano como espaço de todos;
b) na transformação das estruturas sociais, econômicas e políticas onde a democracia seja substantiva;
c) no respeito efetivo aos direitos humanos, econômicos, sociais, políticos e culturais, e
d) no imaginário voltado para relações sociais mais igualitárias e mais solidárias. Será necessário "criar" outra cidade diferente da atual e para isso é fundamental que hoje possamos

> conceber a cidade não, em primeiro lugar, como um local de negócios ou de governo, mas como um órgão essencial de expressão e de atualização da nova personalidade humana – a do "Homem de um Mundo Só".[4]

---
[4] Ibid., p. 683.

Essa não é uma ilusão, mas é uma possibilidade a ser construída, entre tantas que estão colocadas no atual momento histórico. Mais do que nunca, as escolhas precisam contemplar medidas que transformem a cidade atual e possam garantir uma nova cidade do futuro.

A fé cristã aponta sempre para a esperança de que a realidade social pode ser transformada. Além disso, a fé cristã revela que a realidade social tem um potencial que manifesta os anseios mais profundos da pessoa humana para fazer triunfar a vida em meio às muitas contradições e aos "vaivéns" da história. Essa esperança não se concentra apenas no amanhã, mas já tem efetividade no aqui e agora da história. A fé cristã tem um olho no presente e outro no futuro. E isso vale também para a cidade.

A exigência que se coloca para uma teologia da cidade em consonância com os apelos do Evangelho e com o espírito do Vaticano II é responder às grandes questões colocadas pela realidade do mundo urbano na atualidade.

E, para isso, a teologia da cidade precisa utilizar a metodologia dos sinais dos tempos. Por outro lado, considerar a cidade grávida de sinais dos tempos é fundamental para se fazer uma teologia da cidade pertinente e que possa dialogar com os grandes problemas e desafios do mundo urbano atual. Só assim é possível considerar a cidade como *locus theologicus*.

A realização da missão na cidade supõe tanto a elaboração de uma teologia da missão, entendida aqui como presença transformadora, como também uma teologia da cidade consistente e pertinente. Desta forma, uma boa pastoral urbana, que dialogue com os problemas da cidade, só é possível com uma consistente teologia da cidade.

É possível afirmar que os eixos da teologia da cidade presentes no Vaticano II ainda não estão superados e eles têm relevância para uma teologia que considere a cidade como seu *locus theologicus*.

Podemos dizer também que o esforço realizado pelos padres conciliares em compreender o mundo moderno e em estabelecer um diálogo com o mesmo influenciou decisivamente o modo como a cidade foi vista pelo Vaticano II mesmo que de forma superficial.

As concepções de cidade presentes na *GS* revelam uma percepção positiva da cidade que reconhece suas contradições, mas também sua potencialidade como espaço de vida e liberdade.

Os grandes desafios da vida urbana são examinados pela *GS* como sinais dos tempos, como realidades que revelam a presença de Deus e que, por isso, interpelam a Igreja Católica e exigem dela uma sensibilidade especial para a cidade.

Os principais eixos da teologia da cidade presentes na *GS*, embora estejam presentes de forma fragmentária nesse documento, ainda são relevantes para uma teologia da cidade em diálogo com Evangelho, com os apelos do Vaticano II e as exigências do mundo urbano.

O Vaticano II foi um acontecimento que ainda pode inspirar uma teologia da cidade que aceita ser questionada pela dinâmica da cidade em sua constante ruptura, em sua diversidade e em sua contradição socioespacial, para que a Igreja Católica possa realizar no mundo urbano a missão como presença transformadora.

As palavras iniciais da *GS* não podem ser silenciadas e são um alerta constante para a Igreja Católica presente na cidade:

> as alegrias e as esperanças, as tristezas e angústias daqueles que vivem na cidade de hoje, sobretudo, dos pobres e de todos os que sofrem, são também as alegrias e as esperanças, as tristezas e as angústias da Igreja.

REFERÊNCIAS BIBLIOGRÁFICAS

ALBERIGO, Giuseppe. *A Igreja na história*. São Paulo: Paulinas, 1999.

_____ (dir.). *História do Concílio Vaticano II*. Vol. 2. A formação da consciência conciliar. O primeiro período e a primeira intercessão (outubro de 1962 a setembro de 1963). Petrópolis: Vozes, 2000.

ALMEIDA, Antonio José de. *Paróquia, comunidades e pastoral urbana*. São Paulo: Paulinas, 2009.

ANDERSON, Nels. *Sociologia de La Comunidad Urbana*. Una perspectiva mundial. México: Fondo de Cultura Económica, 1993.

ARDUINI, Juvenal. *Antropologia*. Ousar para reinventar a humanidade. São Paulo: Paulus, 2002.

BARAÚNA, Guilherme (Coord.). *A Igreja no mundo de hoje*. Petrópolis: Vozes, 1967.

BASTIT, Michel. *Nascimento da lei moderna*. O pensamento da lei de Santo Tomás a Suarez. São Paulo: Martins Fontes, 2010.

BÍBLIA DE JERUSALÉM. Nova edição, revista e ampliada. São Paulo: Paulus, 2002.

BOFF, Clodovis. *Teoria do método teológico*. 2 ed. revista. Petrópolis: Vozes, 1999.

BOSCH, David J. *Missão transformadora*. Mudanças de paradigma na teologia da missão. 3 ed. São Leopoldo: EST-Sinodal, 2009.

CASTELLS, Manuel. *A questão urbana*. 4 ed. São Paulo: Paz e Terra, 2009.

COMBLIN, José. *Teologia da cidade*. São Paulo: Paulinas, 1991.

_____. *Viver na cidade*. Pistas para a pastoral urbana. São Paulo: Paulus, 1995.

_____. *O povo de Deus*. São Paulo: Paulus, 2002.

_____. Os sinais dos tempos. In: *Concilium*. Revista Internacional de Teologia 312 – 2005/4. Petrópolis: Vozes, 2005, p. 101-114.

_____. *A profecia na Igreja*. São Paulo: Paulus, 2008.

CONCÍLIO VATICANO II. *Compêndio do Vaticano II*. Constituições, decretos, declarações. Introduções de Frei Boaventura Kloppemburg, OFM. 8 ed. Petrópolis: Vozes, 1968.

CONGAR, Yves-Marie. *Diálogos de outono* (Diálogos com Bernard Lauret). São Paulo: Loyola, 1990.

DOCUMENTOS DA IGREJA. *Documentos de João XXIII*. São Paulo: Paulus, 1998.

GEFFRÉ, Claude. *Crer e interpretar*. A virada hermenêutica da teologia. Petrópolis: Vozes, 2004.

GIBELLINI, Rosino. *A teologia do século XX*. São Paulo: Loyola, 2002.

HARVEY, David. *A condição pós-moderna*. Uma pesquisa sobre as origens da mudança cultural. 7 ed. São Paulo: Loyola, 1992.

JOSAPHAT, Carlos. Ratzinger, Chenu e Congar, teólogos pioneiros no Concílio Vaticano II. In: *Revista Religião & Cultura,* n. 8, vol. IV, jul-dez/2005, p. 9-37.

KLOPPENBURG, Boaventura. *Concílio Vaticano II*. Vol. IV. Terceira Sessão (Set.-Nov. 1964). Petrópolis: Vozes, 1965.

LE GOFF, Jacques. *Em busca da Idade Média*. Rio de Janeiro: Civilização Basileira, 2006.

_____. *As raízes medievais da Europa*. Petrópolis: Vozes, 2007.

LIBANIO, João Batista. *As lógicas da cidade*. O impacto sobre a fé e sob o impacto da fé. São Paulo: Loyola, 2001.

_____. *Concílio Vaticano II*. Em busca de uma primeira compreensão. São Paulo: Loyola, 2005.

_____; MURAD, Afonso. *Introdução à teologia*. Perfil, enfoques, tarefas. São Paulo: Loyola, 1996.

LIMA, Lana Lage da Gama. Reforma católica e capitalismo. In: *Revista História & Religião*. Rio de Janeiro: Mauad, 2002, p. 65-78.

LIPOVETSKY, Gilles. *A felicidade paradoxal*. Ensaio sobre a cidade de hiperconsumo. São Paulo: Companhia das Letras, 2008.

LOSSKY, Nicholas et al. (Eds.). *Dicionário do Movimento Ecumênico*. Petrópolis: Vozes, 2005.

MARRAMAO, Giacomo. *Céu e terra*. São Paulo: UNESP, 1994.

MCGRATH, Marco G. Notas históricas sobre a Constituição Pastoral "Gaudium et Spes". In: BARAÚNA, Guilherme (Coord.). *A Igreja no mundo de hoje*. Petrópolis: Vozes, 1967, p. 137-153.

MUMFORD, Lewis. *A cidade na história*. Suas origens, transformações e perspectivas. São Paulo: Martins Fontes, 2008.

PASSOS, João Décio. A religião e as contradições da metrópole. In: SOARES, Afonso Maria Ligorio e PASSOS, João Décio. *A fé na metrópole*: desafios e olhares múltiplos. São Paulo: Paulinas- Educ, 2009, p. 21-46.

ROLNIK, Raquel. *O que é cidade*. 3 ed. (6 reimp). São Paulo: Brasiliense, 2004.

SANCHEZ, Wagner Lopes. *(Des) Encontros dos deuses*. CNBB e pluralismo religioso no Brasil: um debate a partir dos encontros intereclesiais de CEBs (1992-1997).Tese de doutorado apresentada à PUC-SP. São Paulo, 2001.

_____. A multiplicidade religiosa no espaço urbano. In: SOARES, Afonso Maria Ligorio e PASSOS, João Décio. *A fé na metrópole*: desafios e olhares múltiplos. São Paulo: Paulinas- Educ, 2009, p. 47-66.

_____. A missão cristã num contexto de diálogo inter-religioso. Uma reflexão a partir de Filipenses 2,6-7. *Revista Espaços* 18/1. São Paulo: ITESP, 2010, p. 5-21.

SANTOS, Milton. *Por uma economia política da cidade.*: o caso de São Paulo. São Paulo: Hucitec-Educ, 1994.

_____. *Metamorfoses do espaço habitado*. 5 ed. São Paulo: Hucitec, 1997.

SINGER, Paul. *Economia política da urbanização*. 2 ed. São Paulo: Contexto, 2002.

SUESS, Paulo. *Introdução à Teologia da Missão*. Convocar e enviar: servos e testemunhas do Reino. Petrópolis: Vozes, 2007.

_____. A missão da Igreja, lembrar o reino, zelar pela vida. In: AMERÍNDIA. *A missão em debate*. Provocações à luz de Aparecida. São Paulo: Paulinas, 2010.

VELASCO, Rufino. *A Igreja de Jesus*. Processo histórico da Consciência Eclesial. Petrópolis:Vozes, 1996.

Zwetsch, Roberto E. *Missão como com-paixão*. Por uma teologia da missão em perspectiva latino-americana. São Leopoldo-Quito: Sinodal-CLAI, 2008.

Impressão e acabamento
Gráfica e Editora Santuário
Em Sistema CTcP
Rua Pe. Claro Monteiro, 342
Fone (12) 3104-2000 / Fax (12) 3104-2036
12570-000 Aparecida-SP
Este livro foi composto em Gill Sans Light 12/14,4
e impresso em papel offset 75 g.